TTS新書

ホークスとプロ野球 なるほど話題集

海間充吉

東京図書出版

はじめに

往年の南海ホークスの名投手、故杉浦忠氏の大ファンの亡き母の影響で、ホークスファンになって、60年近くプロ野球を見てきました。今は無き大阪球場には、100回以上も足を運んで、名選手のプレーに一喜一憂したのも、今はいい想い出になっています。

これまで培ってきた走馬燈のごとき想い出を形にしたいと思い立ったのが、本書を書くきっかけとなりました。

幸い、『週刊ベースボール』を主とする各雑誌のプロ野球関連の切り抜きや、プロ野球ファンの旧友たちから提供された資料を基に、ホークスファンは勿論、他球団のファンの方も老若男女を問わず、楽しんで頂ける内容だと思います。

オールドファンには、過去に想いを馳せて頂き、若いファンの方は、こんな選手がいたのかと新しい発見ができるのではないでしょうか。

子供の頃からのファンで、「球界の大御所」である野村克也氏（本文では、野村監督・

ノムさん）については、ページ数を割いて詳しく述べています。

また、読者の皆様への〝プレゼント〟として、「幸運を引き寄せる法」を付記しましたので、是非、毎日実践して頂いて、〝幸運な人生〟を手に入れてほしいと思います。

なお、本文中の各選手の名前は、敬称略で表記しています。また、公式のデータと異なる部分がありますが、過去の資料や独自の判断により記載しておりますので、御了承下さい。

本書を読まれて、プロ野球により一層の関心を深めて頂けるなら、著者にとってこれ以上の喜びはありません。

２０１５年12月20日

海間充吉

ホークスとプロ野球　なるほど話題集 ⚾ 目次

第1章

ホークス編

（年度はホークス在籍年）

1　鷹戦士に学ぶ〝運を掴《つか》む法〟

1 プラス思考

苦しい時や辛い時に、何事でもプラスに考えることで、運を開くことができる。南海ホークスの伝説のサブマリン杉浦忠は、1959年の巨人との日本シリーズで、〝4連投4連勝〟の快挙を達成したが、第1戦で投球の際にボールに血が付いていたので審判が調べると、右手指のマメが破れて血が出ていた。

彼は後年、「マメが破れたことで全力投球ができなくなり、8割ほどの力で投げなければいけなくなった。だから4連投できたのだと思います。あのアクシデントが無かったらとても4連投などできなかったでしょう」と語っている。

誰が見ても〝一目瞭然のマイナス状況に、プラス思考できる強い精神力〟が「勝利の女神」を味方に付けたのでしょう。

②発想の転換

前述の杉浦は若い頃は「上手投げ」で、メガネがずれて制球が安定せずに悩んでいた。そこで編み出したのが、彼独自の「下手投げ」である。制球も良くなり、スピードも増した。その後〝立教大のエース〟となり南海に入団して大活躍したのである。

③自分をアピールする

門田博光は、野村監督時代に激戦の外野のレギュラーを獲得するために、「ヒットならいくらでも打てます」と見得を切った。

その後の彼は代打で結果を残して、念願のレギュラーを獲得したのである。

④絶対にあきらめない

ノムさんは、南海入団1年後に解雇通告を受けたが、涙を流して残留を懇願した。「あの時〝はい、わかりました〟と引き下がっていたら、今の私は無い」と述懐している。自分は、「コレをやる！」と決心したら、貫き通す意志が大切である。

⑤他人のアドバイスからヒントを得る

ノムさんは二軍時代に肩を痛めて、二軍監督から「捕手は無理やから、一塁をやれ」と言われたが、当時の南海の一塁手は主砲の飯田徳治で、一軍に上がっても希望はない。その後、ある先輩に「肩を強くするには、遠投がいいんじゃないか」と教わった。必死の練習の成果が出て、強肩になりキャッチャーに復帰することができた。

6 読書の必要性

ノムさんは現役時代に、『テッド・ウィリアムズ（レッドソックスで活躍）の打撃論』を読んで「投手のクセ」を見抜くことができ、打撃向上に役立ったと語っている。

読書は、人生のヒントを与えてくれる。人生の岐路に立った時に、コンパスの役目も果たしてくれるのである。

若い方は、マンガよりも読書量を増やすことを大いに勧めたい。

2 幸運を引き寄せる法

私が実践して効果のある方法ですので、是非毎日実行してください。まず知ってほしいのは、私達が発する言葉は、「言霊《コトダマ》」と言って、何度も同じ言葉を使っていると、「顕現化する」ことです。

それ故、プラスの言葉を使うことが重要になります。

1 「ありがとう」と「感謝します」を口グセにすること

例えば、片想いの女性（男性）がいれば、「彼女（彼）と恋人になりました。感謝します」と唱えて、楽しくデートしている様子を想念することです。

数回では効果が無いので、毎日何度も繰り返すこと。

「恋人になっています」と現在進行形でも効果があります。

次に、良くないことがあれば、「ありがとう」と言います。

「何で悪い時に〝ありがとう〟なんて言うのか？」と疑問に思うでしょうが、プラスの言葉を使うことで、悪い流れを絶ち切る効果があります。

例えば事故を起こした時に、「大事故にならずに良かったです。ありがとう」と唱えましょう。

2　波動の高いプラスの言葉を使うこと

波動測定器によると、一番波動の高い言葉は「ありがとう」、二番目は「愉快だ」、三番目は「ツイてる」です。これらプラスの言葉をどんどん使いましょう。

反対に一番波動の低い言葉は「疲れた」でした。

（ＡＩＣ総合研究所より）

3 怒らないこと。不安にならないこと

怒ると、幸運に見放されてしまいますし、不安になったり心配事を考えても決して状況は良くなりません。

そんな時は、「良くなる。良くなる。良くなった」と唱えましょう。

4 他人をホメたり親切にすること

例えば会社の女子社員に、「髪型変えたの？　よく似合ってるよ。ステキ」などと人をいい気分にさせたり、親切にすることは、やがて自分に返ってきます。

「一日一善」として、実行しましょう。

3 ホークス名将の条件

ホークス史上、二大名将の「親分鶴岡監督」と「ノムさん」から考察します。

1 人心掌握術

選手から心底慕われ、「この監督を胴上げしたい」と思わせなければいけません。鶴岡監督は、選手に対して非常に厳しい人だったそうですが、面倒見の良さと絶妙の褒め方の極意も持っていました。

2 勝利への執念

何点リードを相手に許しても、「絶対にあきらめない」のが鶴岡野球でした。打てない時は、足攻めで相手のスキを突くのが、得意の戦法でした。それ故、「がめつい野球」とか「ピラニア野球」と言われました。

3 チームの結束力

南海ホークスの黄金期は、「南海一家」と呼ばれてチーム内に派閥を作らなかったのが、強さの秘密でした。

また選手が「チームプレイ」に徹し、例えば、「このケースでは最低でも走者を進めておこう」とか「このカウントでは右方向を狙う方が、走者が生還しやすい」などです。

4 敗戦から学ぶ

ノムさんは、江戸時代の剣術家の松浦静山が『剣談』という書で述べた言葉を引用して「勝ちに不思議の勝ちあり、負けに不思議の負け無し」として、負け試合を徹底的に分析して、勝利に結び付けた。

5 データ野球

現在では当然だが、鶴岡監督はスポーツライターの尾張久次を、「球界初の専属の先乗りスコアラー」として採用した。

メジャーのロサンゼルス・ドジャースが来日した時に、オルストン監督に見せると、「大リーグでも、こんな資料は見たことがない」と感心した。

その真価が発揮されたのは、1959年日本シリーズ第3戦で、9回裏巨人の攻撃、同点で一死二、三塁で代打の森（元西武監督）が打った打球は、左中間後方の浅いライナーで「サヨナラか」と思われたが、遊撃手の後方まで前進守備の中堅手大沢（元日本ハム監督）が捕球して本塁へ送球して併殺で切り抜けた。

事前に、巨人の打者のデータを分析した成果だったのだ。

⑥ 考える野球と作戦

鶴岡監督時代は、「根性論」が主流だったが、野村監督時代にブレイザーヘッドコーチの意見、例えばエンドランの時にはただ、「転がせ！」の指示を「相手の守備の動きを見て打球を一塁、または三塁方向に転がす」ことなどで、全てのプレーを細かく分析し、選手に考えさせて体に叩き込ませた。

当時コーチの古葉竹識も影響を受けて、「広島カープ黄金時代」を築いたのだ。

7 敵を知り己を知れば百戦危うからず

「孫子の兵法」の有名な言葉で、勝負の世界の基本となる。長距離打者ではないのに、目標をそこに置いていたら選手は伸びない。

ノムさんは監督時代に、選手の「意識改革」を促し、南海時代に藤原満をリーグを代表するトップバッターに育て、楽天時代に鉄平を首位打者に、山崎武司を再生して本塁打王にした。

また、強いチームには、正攻法と奇策を用いて、心理的に追い詰める戦法をとり、強者に何をやってくるかわからないと思わせた。

8 選手起用法と適材適所

ノムさんは現役晩年に、「控え選手の屈折した気持ちや感情のゆれを肌で味わった」として、その経験が監督時代に大いに役立ったと語っている。

また、ヤクルトで捕手だった秦真司を外野手に、飯田哲也を二塁さらに、外野手にコンバートして、選手の個々の能力を生かすことに成功した。

９ 選手に自信を付けさせる

また、南海監督時代に、プロ未勝利の江本孟紀に自信を持たせて、16勝でエースに成長させ、前年巨人の二軍で投げていた山内新一に20勝、松原明夫に7勝挙げさせている。

ヤクルト監督時代には、広島カープで自由契約になった小早川を、事前のミーティングにより、開幕戦で巨人のエース斎藤雅樹から3連発本塁打の活躍をさせた。

選手育成は、「自信を育てること」だそうです。投手なら、〝勝ち星〟、打者なら、「ヒット（ホームラン）」が妙薬になります。

4 懐かしの鷹戦士名言集

鶴岡《つるおか》一人《かずと》（1946－1968〈監督年〉）

「グラウンドには、銭が落ちている」

プロ野球選手が、試合でも練習でもどれだけ努力できるかという教え。

「指揮官が悪ければ、部隊は全滅する」

「同じ役者がいつまでも同じ芝居をしていると、あきられてくる。だから役者を交代させて新しい芝居にせんとアカン」

「あいまいな判定に屈することは、絶対にできん」

三浦清弘（投手、１９５７―１９７２）

「走らんほうが長持ちする」

球界のトレーニングの常識を覆すこの言葉の真意が知りたいものだ。

西岡三四郎（投手、１９６８―１９７５）

「捕手でなく、打者の打ち気を見ながら投げる」

金城基泰（投手、１９７７―１９８４）

「気持ちで負けたら終わり」

杉浦忠の21番を背負ったサブマリン。

佐藤道郎《みちお》（投手、1970－1978）

野村監督の「考える野球」を学んだ彼は、現役引退後にこう言った。

「頭の野球をやってたおかげで、他球団でコーチができた」

「日本の野球のルーツは、中モズ（二軍の球場）大阪球場だよ」

また、投手コーチ時代に、ユニークな教え方が好評だった。

「速球を〝べっぴんさん（美人）〟とすると、120キロくらいの〝普通の子〟を交えたら、速球が一段と〝べっぴんさん〟になる」

杉浦忠《ただし》（1985－1989〈監督年〉）

（1988年10月15日大阪球場最後の試合後に）

「ホークスは不滅です。行ってまいります」

門田博光（外野手・指名打者、1970－1988、1991－1992）

「ホームランの打ちそこないが、ヒットや」

「俺が打つから、先に打つな！」

野茂英雄（当時近鉄）の新人年で闘志を燃やして予言通りに、初対決でホームランを放った。

「ホークスは父であり母であり、大阪球場は大きな懐《ふところ》でした」

南海ホークス最後の試合後に感動の一言。

ノムさん名言集

「楽を求めたら、苦しみしか待っていない」

「〝恥ずかしい〟と感じるところから、進歩は始まる」

「ちっぽけなプライドが、成長を妨げる」

「自己を過大評価した瞬間から、思考の硬直が始まる」

「先入観は罪、固定観念は悪、常識にはウソがある」

「進歩とは、変わることだ」

「〝自分が育つんだ〟という強い気持ちが大切」

「苦労人からしか、名言は出ない」

「人の値打ちは、失敗から立ち上がるかどうかで決まる」

「仕事をする上で必要な三つの能力がある。〝問題分析能力〟〝人間関係能力〟〝未来想像能力〟である」

「依頼心が強すぎると、人間の思考力は著しく衰える。思考が止まれば、進歩が止まる」

「一流とは、より多くの疑問を抱き、失敗から多くのことを学び取る能力に優れた人間だ」

「人生最大の敵は、〝鈍感〟である」

「考えが変われば、意識が変わる。意識が変われば、行動が変わる。行動が変われば、習慣が変わる。習慣が変われば、人格が変わる。人格が変われば、運命が変わる。運命が変われば、人生が変わる」

「努力に、即効性は無しと心得よ」

「組織は、リーダーの力量以上には、伸びない」

「上に立つ者に信念がなく、自信も失ってしまえば、誰もついて来ない」

「考えが行動になり、取り組みになって表れてくる。苦労しないと、自分の哲学はできない」

「無視されて三流、賞賛されて二流、非難されて一流」

「戦いは常に変幻自在に、敵を倒すにはまずリーダーを狙え。徹底的に、相手の弱点を突け！」

「人間は、どん底まで落ちれば考え方が変わる」

「ベンチで笑いを提供する選手には、代打で一安打するくらいの価値があった」

「ホームランは麻薬、バッティングは謙虚な人がレギュラーを取る」

「言い訳は、進歩の敵だ」

「〝限界だ〟なんて言うのは、逃げ道である」

「信（信頼・信用・自信）は、万物の基となす」

「人間的成長なくして、技術的成長なし」
「盗塁は、8割スタートで決まる」
「王、長嶋はヒマワリ、俺は日本海の浜辺にひっそりと咲く月見草」

5 ホークス面白ヤジ特集

1 得点圏にランナーを背にした相手投手に、南海ファンが
「あーイヤな予感がしてきた。打たれる、打たれる」

「おーい、もう風呂、沸いとるで！」

2 四球で満塁の走者を背にした相手投手に、南海ファンが
「投げても、入らんストライク！」の合唱。

3 広瀬監督初年度に、カルロス・メイ（1978―1981）に、南海ファンが
「オーイ甥《おい》か姪《めい》か知らんが、頑張ってや！」

4　森脇浩司（1987－1995、元オリックス監督）に向かって
「モリワキ！　顔で打て！　顔で！」

5　近鉄戦で、近鉄応援団が
「南海電車は、ボロボロ電車！　近鉄電車は、二階建て！」

6　そのヤジに対して南海ファンが
「黙れ！　チカテツ（近鉄を地下鉄に）」

「やっぱり〝チカテツ〟やろが！　こっちは、高架や！」

7　若い頃カーブを苦手にしていたノムさんに、相手チームのファンが
「おーいノムラ、カーブのお化けが来るぞ！」

8　肥満体型のドカベン香川に
「打たんと、肉屋に叩き売るぞ！」

「お前南海なんかにおらんと、日ハム行け！　選手やなくて商品としてや！」

9　ダイエーホークスに、オリックスファンが
「お前らの勝率、イチローの打率より低いぞ！」

10　加藤英司《ひでじ》（南海で2000本安打）の阪急時代に、南海応援団がアホの坂田バージョンで
「歩く姿はボケの花、アホ、アホ、アホの加藤！」と大合唱した。

11　オリックスと近鉄の合併直前に、ファンが
「5位と6位が合併してどうすんねん？　11位になってしまうやろ！」

12 最後に、漫才のネタにもなりました

A「東京ドームの座席は、キレイやで！」

B「何言うてんねん！　大阪球場は寝ながら見れるんや！」

当時の大阪球場の上段は長椅子だったのです。

6 ホークス史

1 南海ホークスの黄金時代を築いた名将

鶴岡一人《つるおかかずと》（1946－1968〈監督年〉）

1938年に「南海野球株式会社」が設立されて、法大のスターの彼が、1939年に入団した。当時の職業（プロ）野球の地位は低く、法大野球部OB会から除名の声もあったが、「軍隊にとられたら、生きて帰れるかわからない。それなら好きな野球をやりたい」という思いがあったからだ。

入団以来、卓越した統率力を発揮して「主将」に抜擢された。1940年に召集され、1946年に復員後、29歳の若さで監督就任した。

球団は、１９４４年に南海鉄道が関西急行と合併して社名の「近畿日本」になったが、大きな車輪をイメージした「近畿グレートリング」と名付けた。

監督初年度に、「機動力野球」でチーム盗塁数２００で初優勝して、彼は95打点を挙げMVPに輝いた。

１９４７年に、親会社が独立して「南海ホークス」が誕生した。彼は、選手の生活の細やかな世話で、「親分」と呼ばれて慕われていた。

また、彼はスカウトも務めて、地方にも足を運んで有力選手を発掘した。１９６０年には球界初の「常駐スカウト」を日本各地に置き、来日した外国人選手には、食事に招待したり、奥さんに花を届けさせたりして、「将を射んと欲すれば、まず馬を射よ」を地で行って、心を握んだり、日本初の「専属スコアラー」を常駐させた。

稀代のアイデアマンでもあり、「１００万ドルの内野陣」「４００フィート打線」という名で、選手とファンをその気にさせて、巨人に対抗するチームを作り上げた。

立教大のスター長嶋茂雄の入団も確約させたが、父の急死による家族の猛反対、特に兄と母の「せめて、実家（千葉）に近い東京の球団にしてほしい」との願いで、巨人に入団したのは誤算だったが、長嶋の紹介の杉浦忠が入団してエースとして活躍した。

1959年、杉浦の大活躍で念願の「日本一」を達成し、歓喜の御堂筋パレードに大阪の街は沸き、彼は、「ワシは日本一幸せな男や」と言った。私生活では、妻の病死、長女の事故死など不幸が続いたが、南海ホークス一筋に人生を捧げた。

ダイエーに身売りする時は、「時代の流れじゃ、仕方ないよ」と寂しく言った。

2 南海ホークスの低迷

1969年に指揮を任された飯田新監督の「新生ホークス」は、主力の故障が相次ぎ、最下位に終わり、野村克也新監督が就任した。

1973年には、リーグ優勝を達成したが、1977年に「公私混同」を理由に解任されて、主力の江夏豊と柏原純一もチームを去ったため、戦力が大幅に低下した。

主力選手の退団↓チーム低迷↓ファンの球場離れ↓閑古鳥が鳴く大阪球場↓球団経営圧迫という悪循環で、この後一度もAクラスに浮上することはなかった。

1988年、「ホークスの名を残す」を条件に、スーパーのダイエーに全面譲渡が決まって福岡移転が決定した。

同年、阪急ブレーブスもオリックスに球団経営を譲渡し、パ・リーグの一時代の終焉を感じさせる出来事であった。

③ダイエーホークス時代（1988－2004）

九州に本拠地を移したのは、アジア市場への進出を狙っていたスーパーダイエーの経営戦略の一環でもあった。初代の杉浦監督は、観客のために野球をする「フォア・ザ・カスタマー」を掲げたが、下位に低迷すると客足は減少した。

1989年4月15日の本拠地の対西武戦で、エース山内孝徳の完投で2対1で勝利して、「この1勝をファンに捧げたい」と語った。

成績は4位に終わったが、加藤伸一が12勝、井上祐二が27セーブで初タイトルを獲得し、打線は佐々木誠（現三塁打撃コーチ）、藤本博史（現二軍打撃コーチ）、岸川勝也の活躍が光った。

オフに、田淵幸一新監督が発表され、「面白くて楽しいアクション野球を目指す」として、攻撃野球を掲げたが、3年連続Bクラスに終わった。

1993年「福岡ドーム元年」は、根本新監督が「チームの力を見極めたい」としたこともあり最下位に沈んだため、チームの大改革を目指して、FAの松永浩美、ドラフトで小久保裕紀、西武との大型トレードで秋山幸二らを獲得して、1994年のシーズン前半戦は2位だったが、松永の離脱などで失速して4位だった。

この年のオフに根本はフロント入りして、監督には王貞治を迎えることになった。

④常勝軍団の基礎を築いた王貞治会長

王貞治会長（1995－2008〈監督年〉）

〝巨人の王〟が福岡に来るとは、誰が予想できただろうか？　監督就任会見で、「巨人には、長嶋さんが居ればいいんです」と語り、退路を断っての決意であることを示した。

しかし、決して平坦な道ではなく、敗戦が続くとファンから辞任を求める横断幕を掲げられたり、試合後のチームバスに、生卵を投げつけられたりの苦労の連続だった。

帽子のひさしに、「我慢」と書いて耐え忍んだ。地元密着の球団を目指し、九州のファンと触れ合う機会を大切にして、居酒屋ではファンからのサインの求めに、喜んで応じる姿があった。

苦心したのは、巨人時代には当然の「優勝が目標」を置いている選手が、ほとんどいなかったことだが、FAで工藤公康、トレードで武田一浩、ドラフトで城島、井口、松中、投手の斉藤和巳、篠原貴行らの有力選手が加入し、1998年オフには、尾花投手コーチの加入で投手陣の整備が進み、1999年ダイエー球団創設11年目にして、初優勝を達成して、日本シリーズでは下馬評は低かったが、中日を4勝1敗で下して、王監督自身も初の「日本一」に輝いた。

翌2000年には、注目の「ON対決」が実現して長嶋巨人に敗れたものの、リーグ連覇を成し遂げて「勝つ集団」と化したチームは、黄金期を築いていくことになる。

２００３年には、日本シリーズで阪神を破って、２度目の「日本一」を達成した。２００６年３月開催の「第１回ワールドベースボールクラシック（ＷＢＣ）」の初代監督に就任して、「世界一」へと導いた。

２００８年６月６日の交流戦で、「南海ホークスの復刻ユニフォーム」を着用した。同年９月23日の試合終了後に、体力的理由で監督辞任を表明し、10月７日の最終戦で敵地にもかかわらず彼の引退セレモニーが行われて、楽天野村監督から花束贈呈を受けた。

その後、秋山幸二、工藤公康と監督が引き継がれていった。ダイエー球団は、２００４年オフに本社が経営不振となり、通信大手のソフトバンクが買収してソフトバンクホークスが誕生、孫オーナーは、「世界一を目指す」と力強く語った。

7 懐かしの鷹戦士集

世界初の捕手の〝三冠王〟

野村克也（１９５４−１９７７）

３歳の時に父が中国で戦死、小学時代には母が子宮がんで入院し、家計を助けるために新聞配達や子守などの仕事をしたが、極貧生活の毎日だった。

学校でイジメを受けて助けてくれた女教師を、３０００試合出場達成の西武球場のセレモニーに招待し、彼女は、「努力で花開いた素晴らしい人生です」とスピーチしてくれた。

その日は奇しくも南海戦だった。

「将来必ず金持ちになる」と誓いを立て、好きな野球で身を立てる決意をした。

峰山高野球部の清水先生が大反対の母を説得し、12球団の監督に手紙を書いてくれた。

赤バットの川上哲治が好きで巨人ファンだったが、熟考して捕手で出番が見込める南海の入団テストを受けて運良く合格し、地元紙には「京丹後から初のプロ野球選手」と掲載され、駅前には多くの人がノボリを立てて盛大に送り出してくれた。

南海入団後は、ブルペンで投手の球を受けるだけの「カベ捕手」だったが、二軍選手の登録無しの一軍出場が可能で、代打で11打数無安打5三振の成績に終わった。

入団1年目の1954年オフに解雇通告を受けたが、「どうしてもクビなら、南海電車に飛び込みます」と涙を流して訴え、残留することができた。

後日談として、入団3年目に、クビ宣告した課長が「あの時は悪かったな。お前には、いい勉強をさせてもらった。分からんもんやな」と頭を下げた。

母の「若い時に流さなかった汗は、歳をとった後で涙となって流すことになるんだよ。だから、若い時の苦労は買ってでもしなさい」という言葉を胸に、苦手の打撃の克服のために、毎日必死でバットを振り続けた。

子供の頃から培われた〝我慢強さと忍耐力〟で精一杯の努力をした。また当時のパ・リーグの強打者の山内一弘の打撃フォームをイメージして、寮で同室の選手に、毎晩フォームをチェックしてもらった。

入団3年目に、前年優勝した南海はハワイキャンプを行うことになり、二軍の松本監督の推薦で、用具係として帯同することになった。

幸運にも、松井捕手の肩の故障で出番が回ってきて、ハワイチームとの親善試合で好成績を残すことができた。

鶴岡監督は帰国後の記者会見で、「ハワイキャンプは大失敗だったが、一つ収穫があった。それは、ノムに使えるメドがついたことだ」。

1956年、彼は念願の一軍のレギュラーを獲得したが、初ヒットまで36打席、初ホームランまで、72打席を要している。

この年は129試合に出場、打率2割5分2厘、本塁打7、打点54の成績だった。翌1957年に開花して、中西太や山内一弘という強打者を抑えて、30本で「本塁打王」となり、打率3割2厘、打点94の好成績で、南海の中心選手に成長した。

普段挨拶しても無視されていた鶴岡監督が、「お前、ようなったな」とほめてくれた。この言葉は大きな自信となり、1961年から〝8年連続本塁打王〟と1962年から〝6

年連続打点王〟のパ・リーグ記録を達成した。

１９６４年に、打点と本塁打の〝二冠王〟となり、南海の「日本一」に貢献するも、20％の減俸提示で、南海球団に不信感を抱くようになった。

翌１９６５年に、打率３割２分、本塁打42、打点１１０で、「史上初の三冠王」を獲得したが、新監督の蔭山急死という衝撃的事件が起こった。

南海の主力選手は、大阪の帝塚山の鶴岡邸に集まっていた。

「親分、戻って来てください」と、選手達は訴えていたが、「ワシが殺したようなもんや」とショックで酒に酔っていた鶴岡一人は、「何が三冠王じゃ、ノム、ほんまに南海に貢献したんは杉浦じゃ！」と吐き捨てたのである。

１９７０年に、前年最下位に沈んだ南海の川勝オーナーから監督就任を要請されて、ブレイザーをヘッドコーチにする条件で引き受けた。

他球団で未勝利の投手を主力級に育てたことから、「再生工場」と称された。

１９７３年のパ・リーグ前後期制の前期に優勝して、後期に12敗と一度も勝てなかった阪急をプレーオフで破りリーグ優勝したが、日本シリーズでは巨人に敗退した。

この年、阪急の福本豊の盗塁阻止のために、「クイックモーション」を考案している。

私生活では、自身の結婚生活は破綻しており、家庭内別居状態の時に、東京原宿の中華料理店のオーナーから「沙知代（現夫人）」を紹介され、二人は恋に落ちた。

1975年に最下位に沈んだ巨人は、彼に「選手兼任ヘッドコーチ」を打診し、南海のチーム内の人間関係に嫌気が差していた彼は了承したが、肝心の長嶋監督が拒否した。

1977年、当時愛人関係だった現夫人の球場の出入りなどで、チームに不協和音が生じて、「公私混同」を理由に、シーズン終了2試合を残して解任された。

知人の僧に、「女を捨てなさい。野球ができなくなる」と忠告されたが、「それならば女を取ります」と答えた。

彼は、「鶴岡元老にブッ飛ばされた」と発言したが、事実無根だった。南海の球団社長に、「捕手と監督と四番という大事な所が三つなくなることを自覚して対策を打たないと、最下位になりますよ」と忠告したが、その言葉通りになった。

その後、1978年にロッテへ、1979年に西武へ移籍したが、彼の理解者である南海の川勝オーナーの推薦があったのだ。

彼は、「生涯一書生（人は一生が勉強）」という禅の言葉を借用して、「生涯一捕手」として、野球を続けようと決意した。

現役引退は、西武時代の１９８０年９月28日の阪急戦、８回裏一死満塁の打席で、犠牲フライを打つ自信があったが（犠飛のプロ野球記録保持者）、代打を送られて、味方の失敗を望んだことが理由であった。

捕手としての能力は、同期入団で２００勝投手の皆川が、「毎試合後に、対戦した打者の弱点やクセなどをメモしてましたね。あれには感心させられました」と語っている。

また、捕手には、「観察力」、打者の反応や狙い球を感じとる「洞察力」と「記憶力」の三つの力が求められると述べている。

45歳で現役引退し実働26年でＭＶＰ５回、首位打者１回、本塁打王９回、打点王７回、ベストナイン19回で、通算６５７本塁打と１９８８打点は、王貞治に次ぐ〝歴代２位〟である。

その後、テレビ朝日の野球解説者となり、ストライクゾーンを９分割した「ノムラスコープ」を使った投手の配球、打者と投手心理分析が好評で、１９８９年秋に、当時のヤクルトの相馬球団社長に監督要請を受け承諾した。

１９８８年オフには、福岡ダイエーホークスの監督要請を断っている。ヤクルトでは、ドラフト2位の古田敦也が中心選手となり、3度の「日本一」に輝くなど「野球人生で、至福の喜びで野球ができた充実の期間だった」と語った。

渡辺久信（現西武シニアディレクター）は、現役晩年のヤクルト時代を、「野村監督の講義内容は、常勝西武時代よりも高度なものだった」と語っている。

その後は、阪神と楽天の監督を歴任している。楽天イーグルスが、「日本一」になった時に嶋捕手が、「野村さんに教わった事を書き取っておいたノートが役に立った」と述べている。

ヤクルト監督時代に、オリックスの二軍に居たイチローのトレードを申し込んでいる。ソフトバンクの孫オーナーについて、「監督時代に３０００試合を達成した時に祝電をもらって、長い間野球をやってきて他球団のオーナーからは初めてで、感激した。彼は自分のチームだけでなく、球界全体に目配りができる」と述べている。

２０１３年8月31日福岡ヤフオクドームの「レジェンドホークスセレモニー」で南海

ホークスのユニフォーム姿の彼が、門田博光と共にあった。

「野球殿堂入り」も果たし、今後も「球界の御意見番」として活躍してほしいものだ。鶴岡監督が彼を遠ざけた理由について、「テスト生上がりの者に、名門南海の監督を任せるわけにはいかない」と考えていたそうだ。

有名な「ささやき作戦」は、夜のクラブで情報収集していた。その選手が打席に立つと、女の子の話題を出したり、技術的なことを「お前、構え変わったな」と口撃したりした。

しかし、王、長嶋などの超一流打者には、通用しなかった。

またヤクルト監督時代に、日本シリーズの当時オリックスのイチロー対策について、テレビ出演で、「インコース主体に攻めます」とウソの発言をして、内角を意識させて、ボール球で2戦目まで凡打に打ち取り、ヤクルト日本一の下地を作った。

現役通算成績

3017試合

打率：.277

本塁打：657

打点：1988

首位打者：1回

本塁打王：9回

打点王：7回

最多安打：1回

MVP：5回

ベストナイン
19回

オールスター戦
MVP：2回

野球殿堂入り

伝説のサブマリン

杉浦《すぎうら》忠《ただし》（1958－1970、1986－1989〈監督年〉）

サイドとアンダースローの中間くらいの流れるような美しいフォームから、打者の手元で浮き上がる快速球と大きく曲がるカーブを駆使して、打者を手玉に取った。

そのカーブは、「体に当たると思ってよけたボールがストライクになった」ほどである。

立教大時代の当初は、上手投げだったのを下手投げに変えてから、制球力が向上して、不動のエースとして、大学通算36勝を挙げた。

南海入団後は、新人年から7年連続2ケタ勝利、20勝以上5回している。当時の南海は、西鉄に3連覇を許し、日本シリーズでは、巨人に4度続けて敗れていた。

入団2年目の1959年の彼の投球は、神懸かっていた。38勝4敗、防御率1・40の安定感で、MVP・最優秀勝率・最多勝・最優秀防御率・最多奪三振・最多完封勝利に、100回近い無失点記録で、リーグ優勝に大貢献した。

「この年は、三振も狙って取れました。特に右打者の内角は、絶対に打たれない自信がありましたね。自分でもスゴかったと思いますよ」と語っている。

宿敵巨人との日本シリーズでは、先発とリリーフの4連投4連勝の快投で、「悲願の日本一」を達成した。

6日間で、4試合32回436球の熱投で、しかも公式戦69試合371回1/3を投げた後の快投なのだから、驚くほかない。

シリーズ第4戦の試合終了後に「胴上げ投手」となり、記者達の質問には答えずに、「一人で泣きたい」と言った。

その後、3年目31勝、4年目20勝を挙げたが、「右腕の動脈閉塞（血行障害）」により医師から「1試合50球限定」と宣告されて、1965年から救援専門になった。

200勝が基準の〝名球会〟には入れなかったが、落合博満が、「あの杉浦さんが入れない会に意味があるの？」と疑問を呈したほど、屈指の名投手であった。

現役通算成績（ホークス）
577試合
187勝106敗
防御率：2.39

盗塁で球界に革命を起こした男

広《ひろ》瀬《せ》叔功《よしのり》（外野手、1955―1977、1978―1980〈監督年〉）

テスト生から、走攻守の三拍子揃った〝名選手〟となり、特に走塁は、彼のおかげで、「盗塁王」のタイトルが新設されたほどだった。

盗塁に関して〝独自の哲学〟を持っており、「どんな投手でも、成功する盗塁技術を身に付けるために、スタートを切れる技術と帰塁する技術を徹底的に練習した」としていて、1961年の42盗塁から5年連続盗塁数1位である。

特に、1968年の44盗塁（失敗2）の95・7％の成功率は、驚異的だ。ただ彼は欲が無くて、点差の開いた場面では、絶対に走らなかった。

1964年以前は、「盗塁王」のタイトルがパ・リーグに無かったので、「走っても銭にならん」と、チームの勝利を優先していた。

「盗塁王」が新設されたのは、彼が72盗塁を記録して価値を上げたからだ。打撃については、相手投手のデータを教えられると調子が出ない〝天才肌〟で、1962年は、イチローに抜かれるまで、187安打のパ・リーグ記録だった。

特に1964年は、89試合まで打率4割を超えており、右手首腱鞘炎のために調子を落としたものの、3割6分6厘で〝首位打者〟に輝いた。

1972年には、通算2000本安打を達成している。

守備は、1957年から1961年夏まで遊撃手だったが、ルーキーの小池兼司の守備が素晴らしいのに「出番がない」と嘆いていたので、鶴岡監督に、「肩を痛めて、内野の送球は無理です」と嘘をついて、中堅手となり広い守備範囲を誇った。〝右のイチロー〟と言えるほどの素晴らしくて魅力ある選手だった。１９７８年から南海の監督を任されたが、主力が抜けたチームを浮上させることはできなかった。

現役通算成績（ホークス）

2190試合

打率：.282

本塁打：131

打点：705

盗塁数：596（歴代２位）

盗塁成功率 .829（同１位）

野球殿堂入り

ホークス史上最強遊撃手

木《き》塚《づか》忠助《ただすけ》（内野手、１９４８－１９５６）

俊足を生かした広い守備力と〝鉄砲肩〟で、ファンを魅了した。鶴岡監督が先妻の姓の

〝山本〟と名乗っていた頃、山本三塁手の股間を抜けてトンネルした打球に回り込んで追い着き、一塁へ矢のような送球で走者を刺した。

彼は、「グラブはボールを止めるだけで、取った瞬間に送球するんだ」と言った。それほど、「強肩」には自信を持っていたのだ。

また、捕球したグラブの位置によって、上手・横手・下手と投げ分けて送球したので、〝サーカスキャッチ〟と呼ばれた。

まさに、「メジャーの内野手顔負け」ではないか！　さらに、走塁も特筆に値する。

1950年の西鉄戦で、一塁走者の彼は、二盗、三盗、本盗と決めて、1イニング3盗塁という偉業を達成した。

この年、78盗塁（成功率90・7％）は、当時の日本記録である。元阪神タイガース監督で、現役時代は、「今牛若丸」と称された華麗な守備で、名遊撃手としてファンを魅了した吉田義男は、「木塚選手のグラブ捌きと機敏でダイナミックな動きが、一番のお手本でした」と語っている。

ノムさんは、「今まで見てきたショートの中で、彼の右に出る者はない」として、「日本野球史上最強の遊撃手」に選んでいる。

ベストナイン7回、オールスターゲーム出場6回の〝偉大な選手〟であった。

ホークス唯一の200勝投手

皆川睦雄《みながわむつお》（1954―1971）

下手から繰り出される華麗な投球フォームで、精密機械のような正確なコントロールが持ち味で、伝家の宝刀のシンカーで打者を翻弄した。

『おしん』で有名な雪国山形の生まれで、〝雪上ランニング〟が強靭な足腰と粘り強い不屈の精神力を授けてくれた。

米沢西高時代に山形県大会決勝で、彼はボークを犯して敗れてしまった。ベンチを出て審判に確認しようとした監督を、「今のはボークでした」と押しとどめた〝フェアプレーの精神〟の持ち主である。

また、西鉄戦で真ん中のストレートを、二出川球審に〝ボール〟と判定されて抗議したが、「球に気持ちが入っていないからだ」と一喝されて納得した彼は、その後の投球で、一球も手を抜かなくなり、「一球入魂」を座右の銘にしたのです。

ノムさんとは同期入団で、1956年から1963年まで〝8年連続2ケタ勝利〟を挙げるなど、12回の〝2ケタ勝利〟を記録している。

1968年には、31勝10敗、防御率1・61の活躍で、〝ベストナイン〟に輝いたが、翌年の巨人とのオープン戦で、バントを試みた時に投球を右手指に当て骨折した。

エースを失った南海は、この年最下位に沈んだ。その後復帰したが、持ち味の制球力は戻らず、数年後に現役引退した。

このアクシデントが無ければ、300勝できたかも知れない。日本シリーズでは、結果を残せず4敗している。

ノムさんは、「俺が受けた最高の投手は杉浦だったが、皆川はリードしていて面白かった」として、「スライダーが打者の手元で曲がるため、日本人初のカットボールを投げた投手だと思う」と述懐している。

現役通算成績
（ホークス）

759試合

221勝139敗

防御率：2.42

野球殿堂入り

日本人初の〝大リーガー〟

村上《むらかみ》雅則《まさのり》（投手、1963、1966－1974）

野茂英雄のメジャー入りから遡ること31年前の1964年に、驚きと喜びが混在したニュースが飛び込んできた。

南海からサンフランシスコジャイアンツのマイナー1Aに野球留学していた彼が、メジャーに昇格して、活躍しているというのだ。

その後、日米争奪戦の結果、南海に復帰したが、ジャイアンツのストーンハムオーナーは、彼を引き留めようと躍起になっていたし、彼自身も「アメリカで、野球を続けたかった」と言った。

１９６４年８月31日にメジャーに昇格し、９月１日のニューヨークメッツ戦で、日本人選手初のメジャー登板を果たし、９月29日の９回同点の場面でリリーフ登板して、11回まで無失点に抑え、その裏チームが〝サヨナラ勝ち〟したため、日本人初の〝メジャー勝利投手〟となった。

メジャー２年間で、５勝１敗９セーブ、防御率３・４３の成績を挙げた。南海復帰後の２年目の１９６８年に、18勝４敗、防御率２・３８の好成績を残し、１９７０年から３年連続の〝２ケタ勝利〟を記録している。

その後、１９７４年に阪神、１９７５年に日本ハムに移籍して、現役を終えた。何よりも、プロ野球の歴史のページを飾るに相応しい快挙を達成したのは、素晴らしい。

アメリカに野球留学した当初は、英語が理解できず、チームメイトとは辞書を使って会話していたそうだ。アメリカでは、「マッシー」という愛称で、ファンにも選手仲間にも慕われていた。

今も、彼の背番号15は、私の脳裏に焼き付いている。

ホークス時代
通算成績

297試合

73勝59敗

防御率：3.68

不惑の大砲

門《かど》田《た》博光《ひろみつ》（外野手、１９７０－１９８８〈南海〉、１９９１－１９９２〈ダイエー〉）

40歳で〝二冠王〟という偉業で「不惑の大砲」と称され、王会長の現役時代と同じ〝一本足打法〟で、全身をぶつけるようなスイングが持ち味の彼は、記録にも記憶にも残る偉大なバッターであった。

意外にも、身長１７０センチの小柄な選手だった。野村監督時代の１９６９年、ドラフト２位で南海に入団して代打で結果を残し、１９７１年にレギュラーに定着して、打率３割、本塁打31、打点１２０で〝打点王〟を獲得した。俊足・好打・強肩の三拍子揃った選手として、成長した。１９７３年には、打率３割１分、本塁打18で、リーグ優勝に貢献した。

彼は研究熱心で、「門田ノート」と呼ばれる投手の特徴をメモした物を、チームメイトの誰にも見せなかったそうだ。

順風満帆に思われたが、１９７９年の寒風吹く広島の呉キャンプで、アキレス腱断裂の重症を負って、復帰後は走れないので、全打席ホームランを狙う決意をした。

彼は、「軽く振ってホームランを打っているように見えるが、何万回何十万回と素振りを繰り返してこそできるのだ」と語っている。

不屈の精神力で復活して、40歳の１９８８年に、打率３割1分1厘、本塁打44（最年長記録）、打点１２５で、〝パ・リーグＭＶＰ〟を受賞した。

この年は、球団の身売り、福岡移転と激動の年であり、家庭の事情で新生オリックスに移籍したが、１９９１年にホークスに戻り、１９９２年で引退を決めた。

プロとしての体力について、「体の強さは、本人の自覚によります。選手自身が感じ取らないとだめでしょうね」と、答えている。

現役通算成績
（オリックス時代も含む）

2571試合

打率：.289

本塁打：567
（歴代3位）

打点：1678
（歴代3位）

本塁打王：3回

打点王：2回

最高出塁率
3回

ベストナイン
7回

MVP：1回

正力松太郎賞
1回

オールスター戦
MVP：2回
（出場14回）

カムバック賞

野村再生工場第1号

江《え》本《もと》孟紀《たけのり》（投手、1972－1975）

1970年にドラフト外で、東映フライヤーズ（現北海道日本ハム）に入団し、中継ぎで4敗、防御率5・04の彼を、野村監督がトレードで獲得した。

南海入団時に野村監督が、「お前のボールはいい。10勝以上してもらうからな」と、16

番のユニフォームを渡されて感激し、「プロで1勝もしていない自分に、これほど期待してくれるのか！」と意気に感じて発奮したそうだ。

私は全く期待していなかったが、16勝13敗、防御率3・03の好成績で、エースになったのには、驚かされた。

武器は変化球で、〝エモボール（本人によると、フォークのすっぽ抜け）〟と数種類のカーブを駆使して、打者を幻惑した。

南海ファンなら、忘れることのない1973年の阪急との〝パ・リーグプレーオフ〟最終第5戦の西宮球場で、2－0のリードの9回裏阪急の攻撃で、佐藤道郎が代打当銀にホームランを打たれて、二死ながら1点差に詰め寄られて、緊急登板した。

打者は〝代打本塁打の世界記録〟を持つ高井保弘を、フルカウントから三振に切って取って、歓喜のリーグ優勝に貢献した。

「あの時は、ブルペンで調整もしていなかったので、運が良かった」と述懐した。打撃も得意で、現役通算7本塁打を放っている。

1974年のニューヨークメッツとの〝日米親善試合（大阪球場）〟で、南海・巨人連合軍の先発を務めた。

ヤンキースとドジャースで監督を歴任したジョー・トーリ一塁手を、生で見れたのはいい想い出である。

1975年オフに、江夏豊らとの交換トレードで、阪神に移籍した。1972年から阪神時代も含めて、〝5年連続2ケタ勝利〟を挙げている。

また、通算24ボークの「プロ野球珍記録」も残している。

ホークス時代通算成績
137試合
52勝53敗
防御率：2.97
オールスター戦出場：4回

革命を起こした〝リリーフエース〟

江《え》夏《なつ》豊《ゆたか》（投手、１９７６－１９７７）

大阪学院高時代に、育英高の鈴木啓示（近鉄で３００勝投手）との対戦で、15回０－０の引き分けだったが、四番打者の彼は、落差のあるカーブに全く手が出ず、この時からカーブ習得を決意した。

彼の〝スゴさ〟は、高度の制球力と指先の操作で、瞬時にコースを変えられることと、対戦相手の打席状況（投球内容と結果）を、ほとんど記憶していたことだ。

また、内野ゴロで併殺を取りたい時に、セカンドかショートのどちらに打たせた方が取りやすいかまで考えた上で投球していた点は、特筆すべきだ。

圧巻は、阪神時代の１９７１年７月17日の〝オールスター第１戦（西宮球場）〟で、史上初の〝９打者連続三振〟を記録した。

また、１９７３年８月30日の中日戦で、史上59人目の〝ノーヒットノーラン〟を達成。

広島時代の１９７９年、近鉄との〝日本シリーズ第７戦〟では、１点リードの９回裏無死満塁のピンチを切り抜けて、『江夏の21球』という小説にもなった。

ホークスファンには、２０１１年の日本シリーズの〝森福の11球〟が記憶に新しい。南海に移籍したのは、野村監督の「宿敵阪急を倒す」という悲願のためだが、１９７４年から血行障害と心臓疾患・肩痛・肘痛などで、医師に「50球限定」と通告されていた。

そこで、〝抑え投手転向〟を打診されたが、「阪神からトレードで恥かかされて、先発からリリーフ？　また俺に恥かかせるのか！」と断った。

彼が新撰組が好きなことを知った野村監督は、「野球界に革命を起こそう！」と言って説得した。

「自分が野球の知識が一番だと思っていたが、野村さんと出会って知識の低さを思い知らされた」と語り、ノムさんに心酔していた彼は、野村監督解任時に、ホークスを去った。

現役通算成績

829試合

206勝158敗
193セーブ

防御率：2.49

1シーズン
奪三振401の
世界記録

最優秀投手
1回

MVP：2回

沢村賞：1回

ベストナイン
1回

ファイアマン賞
2回
など

（ホークス時代）

77試合

10勝14敗
28セーブ

防御率：2.97

ドカベン

香川伸行《かがわのぶゆき》（捕手、１９８０－１９８９）

浪商高時代に、甲子園大会新記録の３試合連続本塁打を放つ活躍を見せた。鈍足で肩もあまり強くないため、評価は高くなかったが、１９７９年のドラフト２位で、南海に入団した。

彼のマンガから飛び出したようなユニークなキャラと意外性のある打撃が好きで、何度も大阪球場に足を運んだ。

ホームランを放った後の記者会見で、球種を聞かれたのに、指で形を作って「こんな大きさの白い球」と答えて、私は思わず吹き出してしまった。

衝撃のデビュー戦は、１９８０年7月8日の日生球場での近鉄戦で、井本投手からカウント０－３から、レフト場外の特大の初打席初本塁打を放った。

この時は、南海応援団だけでなく、近鉄応援団も彼を応援していたという異様な雰囲気で、球場全体が彼の味方であった。

その後１９８３年は規定打席未満ながら、打率3割1分3厘、本塁打15の好成績で、ベストナインにも選出された。

その後は、体重１００キロを超える太り過ぎで成績が下降して、減量にも苦しんだ。

１９８６年は、打撃を生かすために三塁を守り、意外に器用な選手だった。

福岡ダイエーホークス時代の１９８９年に、戦力外となり現役引退した。現役引退後は、野球評論家や社会人野球チームを結成するなど活躍したが、２０１１年に自己破産していたことが報じられ、生活保護を受けていた。

２０１４年9月26日に、〝心筋梗塞〟で逝去された。心から御冥福をお祈りしたい。

現役通算成績
（ホークス）

714試合

打率：.255

本塁打：78

打点：270

FA第1号選手

松《まつ》永《なが》浩《ひろ》美《み》（内野手、1994－1997）

1978年、阪急にドラフト外で入団し、1981年にはレギュラーを獲得、1982年に日本人初の1試合左右両打席本塁打、1985年には38盗塁で〝盗塁王〟となり、1993年に阪神にトレードされて、その年のオフに、〝FA第1号〟として、ダイエーホークスに入団した。

根本監督は、〝万年Bクラス〟のチームに活を入れるために、「憎まれ役」を頼んだ。春季キャンプの〝連係プレー練習〟で、暴投した選手が照れ笑いを浮かべて、「もう一度お願いします」と言うのを聞いて、その選手を叱り飛ばした。

そして、「野球は常に不測の事態に備えて、打球を処理する選手だけでなく、他の野手も真剣に守らなければいけない」ということを、若手選手に教え諭した。

こうして、〝阪急黄金時代〟に培った経験を余すことなく伝えたのである。この年は、トレードで秋山幸二などの有力選手も加入して、生まれ変わったホークスは、シーズン終盤まで優勝争いをして、結果は4位だったが、17年ぶりの勝率5割を達成したのだ。

チームリーダーとして、打率3割1分4厘、本塁打8、打点55で〝ベストナイン〟に選出された。彼は、「プロ意識」について、こんな発言を残している。

「〝今日は熱があるので、試合に出られません〟などと監督に言えば、〝あいつは、使えないな〟と悪いイメージを持たれてしまうのだ。例えば、ケガをした・骨折・発熱など、そんな場合でも、グラウンドに立って普通の数字を残す。それが、プロだ」

現役通算成績
1816試合
打率：.293
本塁打：203
打点：855
ベストナイン 5回
ゴールデングラブ賞 4回
盗塁王：1回
最高出塁率 1回
オールスター MVP：1回 (出場11回)

(ホークス時代)
284試合
打率：.263
本塁打：15
打点：92

バントをしない〝二番打者〟

山本和範《やまもとかずのり》（外野手、1983－1995）

愛称の「ドラ（ドラキュラに顔が似ている）」は、近鉄時代に現楽天の梨田監督が名付けたそうだ。

陽気な性格で、ファンにも気軽に声をかけたり、阪神淡路大震災の時には、ポンと1000万円を寄付するなど、優しい気持ちの持ち主だった。

ドラフト5位で近鉄に入団し、二軍で好成績を残しながら一軍で結果が出せずに解雇されて、バッティングセンターでアルバイトをしながら練習していたところを、以前から彼に注目していた南海の穴吹監督に誘われて、ホークスに入団した。

南海がダイエーに身売りした時に、「大阪球場が最高の球場だと思っておりましたので、非常に残念です」とコメントした。

「カズ山本」と登録名が変わった1994年、〝バントをしない二番打者〟として、イチローに次ぐ自己ベストの打率3割1分7厘、本塁打11、打点62の好成績を残したが、翌年、右肩の負傷で成績を落とし、高年俸もネックになり、突然の解雇通告を受けた。

福岡のファンに、「何で、ダイエーを辞めたと?」と聞かれて、返答に困った。1996年テスト入団で、古巣の近鉄に復帰し、ファン投票で選出された〝オールスター第1戦〟で、決勝本塁打で〝MVP〟を獲得した。

この日は奇しくも福岡ドームの試合で、3万2000人のファンの声援を受けた。

「野球を辞めんで良かった。打てると思わなかった。まぐれです」と、コメントした。

1999年9月30日の福岡ドームの現役最後の試合で、ダイエーファンからの「山本コール」の大合唱に応え、当時〝最高の左腕〟と言われた篠原貴行から、決勝本塁打を放った。
「最高のファンは、ホークスファンです」との言葉が印象に残っている。

現役通算成績
1618試合
打率：.283
本塁打：175
打点：669
オールスター戦 MVP：２回（出場５回）
ゴールデングラブ賞１回
（ホークス時代）
1334試合
打率：.286
本塁打：145
打点：564

日本人初の〝メジャー捕手〟

城島《じょうじま》健司《けんじ》（１９９５－２００５）

１９９４年のドラフトで、ダイエーの球団社長の根本は、駒澤大の進学を決めていた彼を、１位で〝強行指名〟した。

本人はプロ入り希望であり、王監督の説得で入団を決意した。二軍で、捕手の英才教育を受けて、1996年8月、ウエスタンリーグ本塁打25本の新記録を達成して、9月に一軍昇格した。

FA加入の工藤公康に、試合中の配球を説教されるなど、徹底的に教え込まれた。翌1997年は、開幕から出場し、打率3割8厘、本塁打15本を放ち、〝オールスター戦〟には、最年少の21歳で、ファン投票1位に選ばれた。

1998年は、徹底的にマークされ成績を落としたが、翌1999年4月の根本の逝去で発奮して、「日本一」を誓い、全試合出場して、打率3割6厘、本塁打17、打点77の好成績で、リーグ優勝と日本一に貢献し、工藤とのコンビで、「最優秀バッテリー賞」を受賞した。

2000年は右手の骨折で、84試合出場（打率3割1分、本塁打9、打点50）だったが、チームはリーグ優勝して、ON対決の日本シリーズでは、巨人に移籍した恩師の工藤からホームランを放つなど、〝日本シリーズタイ記録〟の4本塁打で、「敢闘賞」を受賞した。

2003年の開幕前に、「子供達に夢を与える〝スーパーキャッチャー〟になりたい」と、〝3割30本100打点〟の公言通り、打率3割3分、本塁打34本、打点119で、リーグ優勝と「日本一」に貢献、阪神との〝日本シリーズ〟では、４本塁打を放った。

２００５年のシーズン途中に、骨折で欠場して、チームは、クライマックスシリーズ（ＣＳ）敗退した。オフに〝ＦＡ宣言〟して、日本人初の「メジャー捕手」が誕生した。

マリナーズ時代の２００９年は、〝第２回ＷＢＣ日本代表〟として、９試合で、打率３割３分３厘、本塁打１、打点４の活躍で、日本の２連覇に貢献した。

打撃は、内角低めが得意で、積極的に打ち、三振と四球が少ないのが特長だった。捕手としては、高い盗塁阻止率で、座ったまま一塁と二塁に送球できたが、ノムさんは、「リードが単調で、矢野（元阪神の正捕手）の方が格段に上」と厳しい。

ホークス時代 通算成績
1117試合
打率：.299
本塁打：211
打点：699

負けない〝鷹のエース〟

斉藤《さいとう》和巳《かずみ》（投手、１９９６－２００７）

理想的なフォームからの気迫あふれる投球と、マウンド上での〝雄叫び〟が印象の究極のエースであった。

満身創痍の身体で、王監督を胴上げするために投げ抜いた彼の〝存在感〟は、今もファンの脳裏に深く刻まれている。

また、２００６年の〝ＣＳ第２戦〟の日本ハムとの試合に、中４日で右肩に不安を抱えるも先発したが、〝完投サヨナラ負け〟で、マウンド上で崩れ落ちて、涙を流した姿が印象的だった。

彼の持論は、「点を取られないのが、エース。味方が点を取ってくれるまで、いかに粘れて相手打線を抑えることができるかで、ナインに信頼される。点を取ってくれるまで我慢して０点に抑えればいい。それがエースというもの」である。

また、「自分のことはどうでもいい。チームが勝てればそれでいい」と語り、チームの勝利を優先する発言が、印象に残った。

２００３年から２００６年までの４年間で、勝率87％の驚異的な記録を残し、２００３年は、20勝３敗で投手４冠（最多勝・最優秀防御率・最多奪三振・最高勝率）となり、２００６年には、〝投手４冠〟に加えて、最多完封・最多無四球試合・最多投球回数の記録も残した。

『週刊ベースボール』の〝球界２００人が選ぶ歴代投手ランキング〟では、２位に選出されており、通算勝率７割７分５厘のまさに、「負けないエース」でした。

大道現二軍打撃コーチは、「和巳が投げるだけで、チームには安心感があった。成績は勿論、普段の練習から懸命な姿があった」と語り、鳥越現一軍内野守備コーチは、「一球にかける思いの強さでは、群を抜いている。後ろで守っていて実感した」と語った。

落合博満は、「斉藤こそが、球界一の投手」と絶賛した。また、坪井智哉（阪神・日本ハムなどで活躍）は、「彼の背後に、何かが見える感じがした。あんなにマウンド上で、大きく感じた投手は、いませんでした」と語っている。

現役通算成績（ホークス）
150試合
79勝23敗
防御率：3.33
21完投
8完封
沢村賞：2回
ベストナイン2回
など

〝ツチノコ（スリコギ）バット〟の職人

藤原満《ふじわらみつる》（内野手、1969―1982）

九州の鷹ファンに〝解説者〟として知られる彼は、ドラフト4位で南海に入団したが、「西鉄ライオンズのファンで、南海は嫌いでした」と語っている。

1年目は打率1割台の成績で、野村監督に、「お前がホームランバッターを目指しても無理や。打率を考えたほうがいい」と諭され、太いバットに変えて、ゴロやライナーを打って、足を生かす〝一番打者〟を目標にした。

彼の「ツチノコ（スリコギ）バット」は、福本豊・若松勉・大石大二郎など多くの選手が使用するようになった。

1975年より8年連続で100安打以上、1976年は、打率3割2厘に50盗塁で、ベストナインとダイヤモンドグラブ賞を受賞し、1977年、1980年、1981年も3割を打った。

〝オールスター戦出場5回〟で、MVPも一度受賞して、通算打率4割を記録しているが、「オールスターは、大体初球が真っ直ぐでしょ。それを、ごちそうさまと(笑)。あとは、〝セには負けない〟という意地がありましたね」と語っている。

1982年に現役引退を決めたが、125試合出場、打率2割6分2厘、打点36、盗塁8の成績を残した。

理由は、「『飛ぶボール』により、野手の間に落ちるヒットが打てなくなり、フライが多くなったからだ」と言う。

打撃については、「イメージとしては、引き付けてセカンドの頭を越える当たりです。内角に来たら、体をうまく回せばいい。当たれば、何が起こるか分からない。一番に定着してからは、出塁率、走者が居たら、進塁打を考えました」と答えた。

彼は、堅実な守備に、マウンドに行って投手を励ます姿に加えて、非常にファンを大切にする人で、サインを求めるファンには、最後の一人まで丁寧に応じた。

現在の鷹戦士について、「千賀（投手）は、三振を取れるのが魅力。松田は、思いきりがいい。今宮の守備は、動きも肩も素晴らしい。あとは、経験を積んでいけば、バッティングの方に頭が回ってくるやろう」と答えている。

現役通算成績（ホークス）
1354試合
打率：.278
本塁打：65
打点：413
盗塁：195

優勝請負人

工藤公康《くどうきみやす》（投手、1995－1999）

1994年オフに、西武時代の恩師の根本陸夫（ダイエー球団社長）に誘われていたこともあり、ホークスにFA移籍した。

城島捕手の〝教育係〟として、試合中に彼のリードの意図を問い詰める場面や、打たれるとわかって、彼のサイン通りに投げて、打たれた理由を言って聞かせた。

「試合中が一番いいんです。試合後では、遅いんです」と述べて、「次の打者で、絶対に抑えられる状況じゃないとやりませんから」と答えている。

「工藤イズム」が浸透し、〝勝利の執念〟と化したチームは、5年目の1999年に、リーグ優勝を達成した。

彼自身は、26試合、11勝7敗、防御率2・38で、〝MVP〟を受賞。〝日本シリーズ第1戦〟では、「生涯最高の出来だった」と言う〝シリーズ新記録の13奪三振〟の完封勝利で、「圧倒的中日有利」の下馬評を覆して、チームに勢いを付けて、歓喜の「日本一」に導いた。

しかし、オフには、ダイエーの高塚球団社長との確執で、巨人にＦＡ移籍した。彼の〝ホークス残留〟を希望するファンの17万３０００人の署名に、７年かけて、「サイン記入のメッセージ入りの手紙」を、全員に送った。

西武時代の１９８９年に、「野球人生の転機」となる「肝機能障害」が発覚。医師の「死の宣告」を受けて、不退転の決意で、「夫婦二人三脚の体質改善」に取り組んだ。

妻の「体を治す食事のサポート」と、彼自身は、スポーツ医学と運動生理学を勉強して、「科学的トレーニングと骨格の正しい動き」の深い知識を実践し、「体が進化するためのトレーニング」や、肉体と知識の両面で、「自己投資する大切さ」に目覚めた。

また、「過去の投球データ」を分析し、打者のクセの研究などの「工藤流データベース」を構築するなど、広範囲の知識を得た。

２０１５年よりホークスの監督として、「育てながら勝つ」を標榜して、「日本一」を成し遂げた。

ホークス時代
通算成績

119試合

49勝37敗

防御率：3.18

炎のセットアッパー

藤《ふじ》井《い》将《まさ》雄《お》（投手、１９９５－１９９９）

１９９４年のドラフト４位で、ダイエーホークスに入団して、ＦＡ入団の工藤を「兄貴分」として慕っていた。

工藤が、「選手の意識改革」を目指し、若手を厳しく指導したが、真実を伝えるのが難しく、チームの中で〃浮いた存在〃になっていた。

そこで藤井は、「若手のなだめ役」に徹して、〃パイプ役〃になり、工藤は、「もし藤井が居なかったら、完全に孤立していたかも知れない」と述懐している。

１９９９年には、入団当初の目標の「王監督を胴上げする！」を達成。〝気迫溢れる投球〞で、59試合に登板し、３勝1敗３セーブ、26ホールド（当時のパ・リーグ記録）、防御率２・８９の成績で、〝リーグ優勝〞に貢献した。

しかし、夏頃からマウンド上で咳き込む姿が見られ、「登板過多の疲れ」と思われたが、「末期肺がん」という病魔に襲われていた。

同年オフに、巨人にＦＡ移籍した工藤は、「彼が病気だと知っていたら、移籍しなかったかも知れない」と発言している。

若田部健一は彼の親友で、リーグ優勝時に闘病中の彼に代わって、〝藤井ハリー人形〞を胴上げしたのを見て、彼は涙が止まらなかった。

下柳剛（ダイエー・日本ハム・阪神）は、「練習も一生懸命やし、性格もええから、誰からも信頼されていて、人望も厚かった。コントロールが良くて、スライダーの出し入れで勝負するタイプで、気持ちも強かったしね」と想い出を語っている。

翌年、「帰らぬ人」となった彼の背番号15は「永久欠番」が検討されて、現在のヤフオクドーム15番通路は、「藤井ゲート」として、彼の写真と生前最後の〝メッセージ〟が、掲げられている。

〝炎の中継ぎ〟と称された31歳の〝早すぎる死〟だった。

現役通算成績
153試合
13勝８敗 ３セーブ
防御率：3.90

ミスターホークス

小久保《こくぼ》裕紀《ひろき》（内野手、１９９４－２００２、２００７－２０１２）

青山学院大時代に〝主将〟として、「大学野球日本一」に貢献し、１９９３年のドラフト２位でダイエーホークスに入団した。

リーダーシップのある彼への、スカウトの「ダイエーはこれからのチーム、生え抜きとして、常勝軍団に導いてほしい」との言葉に、心を動かされた。

1994年の新人年は、78試合出場で、打率2割1分5厘、本塁打6の不本意な成績だったが、オフに、〝ハワイウインターリーグ〟で、首位打者とMVPに輝き、自信を得た。

翌1995年に、二塁手のレギュラーを獲得、130試合、打率2割8分6厘、28本で〝本塁打王〟を獲得、打点76を挙げて、オールスター戦にも出場した。

1996年は不調で、チームも最下位に落ちたが、1997年は全試合出場し、打率3割2厘、本塁打36に、〝打点王〟となる114打点の自身最高の成績を残したが、オフに、「脱税事件」が発覚し、翌1998年の開幕から〝8週間の出場停止〟と、制裁金400万円を課された。

1999年は、前年の右肩の負傷の影響で不調だったが、後半に復活して、本塁打24、打点77を挙げて、〝リーグ優勝〟に貢献し、「日本シリーズ」ではホームランも放った。

2000年から三塁手となり、〝選手会長〟に就任して、10試合連続打点や21試合連続安打を記録し、打率2割8分8厘、本塁打31、打点１０５の好成績で、Ｖ２に貢献した。

しかし、２００３年の３月の西武とのオープン戦で〝靭帯断裂〟の重傷で、シーズンを棒に振り、オフには、「巨人への無償トレード事件」が起きた。

「トレードを直訴したのは、僕自身なんです。ホークス以外なら、どこでも良かった」と、自著で述べている。

理由は、大ケガの治療をオーナーから、「全額負担する」と約束されたのに、後で、前言撤回されて全額自己負担したり、選手サロンに夜の女性を連れて来て、一緒に写真を撮ることを強要されたり、グッズの売り上げを年俸の査定に入れるという「球団への不信感」から、改善を要求していたが聞き入れられなかったことだ。

ホークスの選手達にも、ダイエー球団への〝不信感〟が増した。巨人時代について、「ポジション争いに燃えたし、生涯の友人もできたし、いい経験ができた」と語っている。

巨人移籍後の２００６年のオフに、新球団となった「福岡ソフトバンクホークス」の孫オーナーの強い要請で、ＦＡでホークスに復帰した。

２００７年は、恩師の王監督を胴上げする決意で、禁酒を決めて、〝月間ＭＶＰ〟を受賞するなど活躍し、8月に死球による骨折で離脱するもチーム一の25本塁打と82打点を挙げたが、チームは3位でCS敗退した。

この年から3年間、チームはCS敗退など〝不運〟が続いた。2011年の開幕戦で、死球を受け右手骨折したが、14日間で復帰し、チームも好調で、〝リーグ優勝〟を決め、阪神との〝日本シリーズ〟では、3割2分をマークして活躍して、40歳で、「日本シリーズMVP」を獲得した。

2012年は、「腰椎の椎間板ヘルニア」が判明したが、6月に復帰して、〝史上41人目の2000本安打〟を達成して、8月14日の福岡の試合で、「現役引退」を表明した。

座右の銘は、「一瞬に生きる」で、2002年の栃木県の1週間の修行の「内観」で得た言葉だそうだ。

練習熱心で、選手の中で一番早く〝球場入り〟して、試合後は、一番遅くまで残っていたそうだ。

城島健司は、「ホークスの新たな伝統を築いた方で、若手の中心でした。野球を愛されて、真剣に向き合ったからこそ、偉大な数字を残せたと思います」と語った。

まさに、ホークスの一時代を築いた選手であった。

ホークス時代通算成績
1722試合
打率：.270
本塁打：319
打点：1066
2041安打
210守備機会連続無失策（三塁手のパ・リーグ記録）
パ・リーグ功労賞
通算満塁ホーマー：13本（歴代４位タイ）
本塁打王：１回
打点王：１回
ベストナイン：３回
日本シリーズMVP：１回
ゴールデングラブ賞：３回
スーパースラッガー賞：１回
オールスター戦選出：13回（出場11回）
カムバック賞：１回

球界最後の〝三冠王〟

松中信彦《まつなかのぶひこ》（外野手・一塁手、1997－2015）

1996年の〝アトランタ五輪野球の日本代表〟の四番打者で活躍して、注目を浴びた。「ドラフト2位」で、ダイエーホークスに入団し、2年目の1998年に、二軍の本塁打王となり、1999年は一軍に定着し、126試合、打率2割6分8厘、本塁打23、打点71の成績を残した。

2000年は五番打者として、全試合に出場し、打率3割1分2厘、本塁打33、打点106で、〝MVP〟を受賞し、チームのV2に貢献するも、ON対決の「日本シリーズ」では、本塁打1本だけで、「逆シリーズ男」となった。

2004年は、「三冠王（打率3割5分8厘、本塁打44、打点120）」と同時に、最多安打（171本）と最高出塁率（4割6分4厘）で、「打撃五冠王」に輝いた。

その年のオフには、急性肝炎で入院、翌2005年は、ひざに痛みを抱えるも、指名打者として活躍し、〝2年連続本塁打王（46本）〟に、〝3年連続打点王（121点）〟と、

〝連続120打点以上4度〟は、「プロ野球史上初の快挙」であった。

2006年は、「7年契約」を結んだが、大怪我などで成績を落とすも、〝WBC日本代表〟に選出され、4割3分3厘の成績で、優勝に貢献した。

打撃は、選球眼が良く、内角球が得意で、弾道の大きい打球でしかも、長距離打者なのに三振が少ないのが特長だ（シーズン100三振以上無し）。

2011年に、3割8厘、本塁打12の成績を残してからは、二軍暮らしが多くなり、2015年のシーズン終盤に、自ら「自由契約」を申し出た。

ホークスで、「現役引退」してほしかったと思う。印象に残っているのは、2011年11月4日（福岡ドーム）のCSの試合で、西武の牧田投手から、〝満塁本塁打〟を放ったことだ。

現役通算成績
（ホークス）

1780試合

打率：.296

本塁打：352

打点：1168

首位打者：２回

本塁打王：２回

打点王：３回

ゴールデングラブ賞
１回

MVP：２回

ベストナイン
５回

オールスター戦
MVP：１回
（出場９回）

8 現役鷹戦士集

鷹の〝名遊撃手〟

今宮健太《いまみやけんた》（内野手、２０１０－）

大分明豊高時代は投手として甲子園に出場、１７１センチの小柄ながら、62本塁打のパンチ力と遠投１２０ｍの強肩に、50ｍ６秒１の俊足を買われ、ドラフト1位で入団した。

２０１１年は、オープン戦から一軍に帯同して、内之倉以来の21年振りとなる10代で、開幕一軍を手中にした。

翌２０１２年は、川崎宗則がマリナーズへ移籍したので、〝正遊撃手〟を明石健志と争って、勝ち取り、レギュラーを獲得した。

２０１３年は、１４２試合に出場し、59犠打の〝パ・リーグ新記録〟を樹立、62まで記録を伸ばして、自身初の〝ゴールデングラブ賞〟を受賞した。

犠打の記録について、「決められて嬉しかったが、記録は自分一人で、作れるものではない。もっと嫌らしい打者になりたい」と答えている。

また8月には、月間打率3割6分2厘を記録した。2014年は、前年と同じ62犠打で、球界初の〝2年連続60犠打〟を達成し、初のベストナインと、2年連続のゴールデングラブ賞に輝いた。

打撃では、内角球が得意で、肘をたたんで打つ技術力と、リストの強さを持っている。外角球の対処が課題である。

守備範囲は広いが、送球ミスがたまにあるので気を付けてほしい。目標は、現楽天イーグルスの松井稼頭央だそうだ。

通算成績
（〜2015年）

573試合

打率：.240

本塁打：17

打点：144

犠打：180

盗塁：33

ベストナイン
1回

ゴールデングラブ賞
3回

鷹の〝安打製造機〟

内川《うちかわ》聖一《せいいち》（外野手、２０１１－）

横浜時代の２００８年に、杉村繁コーチ（現ヤクルト打撃コーチ）の指導で、「ボールを体の近くまで、引きつけて打つ」という練習の成果で、打率３割７分８厘（右打者年間史上最高打率）で〝首位打者〟と〝ベストナイン〟に輝いた。

その後、ＷＢＣでは、打率３割４分１厘、本塁打２、打点８で、優勝に貢献した。ホークス移籍後の２０１１年は、打率３割３分８厘、本塁打12、打点74で、リーグ優勝に貢献して〝パ・リーグMVP・交流戦MVP・CSMVP〟を受賞し、2013年は、〝オールスター戦MVP〟に、2014年は、〝日本シリーズMVP〟に輝いた彼の打撃の秘密を紹介しよう。

1 外角球を右方向にヒットする技術

右肩を開かずにバットヘッドが遠回りして、バットが遅れて出ることによって、ライトへ鋭い打球が打てる。

これは、インパクト瞬間の寸前まで体を投手方向に向けない「壁を作る」ことで、右手でヘッドを立てて脇を締め、手首を支点にヘッドを走らせることである。

2 脱力バッティング

力を抜いた状態でスイングを始動して、インパクトの瞬間に力を集約させる。

３ スイングを崩されても対応できるバットコントロール 「ショートゲーム」という練習法

近距離から、ゆるいボールを投げてもらって、フォームを確認しながら力強く打つ練習によって、バットの角度からどこにボールが飛ぶのかを、自身の体で理解できる。すなわち、崩された瞬間に、どうやってバットを出すのかを、体に染み込ませられるのだ。

４ インコースの対応能力

「考える野球」を意識していて、「投手と自分の傾向と対策から配球が読める」ことによって、内角球に対応できるのだそうだ。

これは、ノムさんの「投手の手の内を読んでバットを振ることができて、初めて〝一流打者〟と言える」に通じる。

ホークス 通算成績 （～2015年）
654試合
打率：.307
本塁打：67
打点：125

ギータ〝和製ボンズ〟の軌跡

柳《やなぎ》田《た》悠《ゆう》岐《き》（外野手、２０１１－）

大学時代に、金本知憲（阪神監督）や中田翔（北海道日本ハム）が通ったトレーニングジムで肉体改造して、遠投１２５ｍ（10ｍＵＰ）、50ｍ走５・９秒（０・３秒ＵＰ）に、飛躍した。

２０１０年10月28日に、ソフトバンクから2位指名を受けた。当初は、秋山翔吾（西武）を2位指名の予定を、王会長の「ツルの一声」で切り替えられた。

入団当初から、王会長に〝フルスイング〟を厳命されており、二軍で、打率２割９分１厘、13ホーマー（本塁打王）、打点43、盗塁20を記録した。

当時、中日の井端弘和（巨人内野守備コーチ）を、「球を軽々と持っていくパワーは、〝ケタ違い〟と思いましたね」と仰天させた。

２０１２年は、一軍で68試合に出場、打率２割４分６厘、本塁打５、打点18で、翌２０１３年のオープン戦で、６ホーマーを放って、開幕一軍を手に入れた。

この年に１０４試合、打率２割９分５厘、本塁打11、打点41の成績を残した。

翌２０１４年は全試合出場、３割１分７厘、本塁打15、打点70、盗塁33と飛躍し、〝オールスター第２戦ＭＶＰ（６打数４安打、打点２）〟に、〝日本シリーズ優秀選手賞〟と、〝日米野球ＭＶＰ〟も獲得して、ファレル監督（レッドソックス）は、「バットスイングが速くて、打席では常に、攻撃的だった」と賞賛しており、マリナーズの岩隈投手は、「あれだけのスイングが出来る思い切りの良さが、素晴らしい」と、絶賛した。

パ・リーグベストナインにも選出され、ゴールデングラブ賞も受賞した。反面、チームワーストの１３１三振で、「来年は、ミートの正確性を身に付けて、本塁打の数を増やしたい」との言葉通りに、２０１５年のシーズンは、３割６分３厘、本塁打34、打点99、盗塁32で、〝史上10人目のトリプルスリー〟を達成して、首位打者と最高出塁率を獲得した。
メジャーから〝熱視線〟を浴びる彼から、目が離せない。

通算成績（〜2015年）
460試合
打率：.318
本塁打：65
打点：228
盗塁：81
パ・リーグ特別賞 1回
ベストナイン 2回
ゴールデングラブ賞 2回
など

コントロールが身上の〝鷹のエース〟

摂津《せっつ》正《ただし》（投手、２００９—）

２００８年にドラフト５位でＪＲ東日本東北からホークスに入団した時は、〝ホークスのエース〟になるとは、想像できなかった。

社会人時代は、ストレートが135キロ前後で、タテのカーブ、スライダー、シュート、シンカーで、「特筆すべき点が無い投手」と、評価は高くなかった。

それは、連投が当然だったので、「テークバックを小さくしたり、無駄にエネルギーを使わないように工夫したり、力をセーブしていた」という結果だったのだ。

入団以来〝セットアッパー〟として70試合以上に登板して、〝2年連続の最優秀中継ぎ投手賞〟を獲得し、オフには〝年俸1億円〟の提示を辞退し、9500万円でサインした理由を、「3年やって一人前の世界なので、まだ早いかなと思った。ありがたいです。こんなご時世なのに」とコメントした。

翌2011年に先発転向して、14勝8敗、防御率2・79で、チームの優勝に貢献した。先発転向2年目の2012年は、17勝5敗、防御率1・91の素晴らしい成績で、〝最多勝、最優秀防御率〟に加えて、「沢村賞」も受賞して、名実共に「ホークスのエース」の地位を確立した。

抑え投手で活躍したファルケンボーグは、「メジャーでも通用する」と、賛辞した。伝家の宝刀の〝シンカー〟について、「外の球を生かせるボールで、インコースの球も生かすこともできる〝ストライクゾーンを、広くできるボール〟ですね」と述べ、先発については、「理想は、コントロールミスをしないこと。全てにおいて、パーフェクトでいたいです。〝球は速くないのに、何で打てないんだろう〟と打者に言ってもらえるような投手が理想です」と答えている。

座右の銘は「平常心」で、精神的な強さを持っている。２０１５年のシーズンは苦しんだが、ヤクルトとの「日本シリーズ」では、圧巻の投球を見せてくれた。

通算成績
（〜2015年）

261試合

75勝41敗
1セーブ

72ホールド

防御率：2.72

新人王

沢村賞：１回

オールスター戦
出場２回
など

若きエース候補

武田《たけだ》翔太《しょうた》（投手、2012－）

「九州のダルビッシュ」と称されて、2011年のドラフト1位で入団した。入団会見では、「頭を使った投球が出来る投手になりたい」と、抱負を述べた。

高校時代から精神面を強化する本を多読するなど「読書家」であり、研究熱心で、打者をいかに打ち取るかを研究して、自身の投球などを細かくノートにメモしている。

2012年の新人年に、二軍の「フレッシュオールスター戦」で、2回3奪三振と完璧に抑えて、〝優秀選手賞〟に輝いた時のコメントが、並のルーキーではなかった。

「ここは調整の場、普通の若い選手ならガムシャラになってやるんだろうけど、自分は違う。考えながら投げることに、重点を置いている」とは、驚いた。

一軍昇格の7月7日札幌ドームの北海道日本ハム戦で、6回1安打に抑えて、初登板初勝利を飾った。

9月25日のオリックス戦では、「プロ初完封勝利」を挙げるなどの活躍で、11試合に登板し、8勝1敗、防御率1・07の高卒ルーキーとして驚くべき成績を残した。

2013年は「フォーム改造の失敗」などで、〝2年目のジンクス〟に陥り、制球力を乱し、リーグワーストの68四球で、4勝に終わった。

翌2014年は、開幕前の右肩痛で後半戦の登板で3勝だったが、「日本シリーズ」の阪神戦の甲子園球場での第2戦に先発し、タテに割れるカーブで阪神打線を翻弄し、6回2死まで完璧な投球で、7回1失点で〝優秀選手賞〟を受賞した。

2015年は、開幕から〝先発ローテーション投手〟として13勝を挙げ、ヤクルトとの「日本シリーズ」初戦で、9回に畠山に〝2点本塁打〟を打たれたものの、完投勝利した。

これからのホークスを背負う「若きエース」として、期待したい。彼の投球フォームは、小学時代の〝バレーのアタック〟が原点だそうだ。

通算成績
（～2015年）

60試合

28勝14敗

防御率：2.71

優秀新人賞

日本シリーズ
優秀選手賞
２回

9 助っ人鷹戦士集

ホークス史上最強助っ人投手

スタンカ（1960―1965）

バスケットからの転身で、来日初年度から17勝12敗、防御率2・48の成績でエースになると、毎年200イニング以上投げるタフネスさで、チームに不可欠な投手になった。圧巻は、東京オリンピック開催の1964年に、26勝7敗、防御率2・40で、リーグ優勝に貢献し、阪神との「日本シリーズ」では、2勝3敗の劣勢の状況から第6戦と7戦の〝2試合連続完封（シリーズ3完封）〟という大活躍で、南海を「日本一」に導いた。

196センチの大柄な身体を活かした打撃でも、通算7本塁打を放った。日本在住6年目に長男が事故死し、傷心でホークスを退団して大洋（現DeNA）に移籍したが、往年の投球は見られずに、1年後に帰国した。

ホークス時代 通算成績
230試合
93勝59敗
防御率：2.89
18完封
MVP：1回
ベストナイン 1回
日本シリーズ MVP：1回
オールスター戦 MVP：1回
など

日本の野球を変えた〝大リーガー〟

ブレイザー（ドン・ブラッシンゲーム、内野手、1967－1969、1981－1982〈監督年〉）

来日したのは35歳で全盛期は過ぎていたが、メジャーの〝守備の名手〟であった。二塁の守備では、併殺時の素早い足の運びや正確な送球、バックアッププレーの確実さと走者を進める〝頭脳的な打撃〟で、評価は高かった。

現役引退後は、1970年に野村監督の下でヘッドコーチとして、作戦面を担当した。ノムさんは、「ブレイザーが来なかったら、日本の野球は相当遅れていた」と、述べており、〝ID野球〟の原点が彼の頭脳だった。

1959年にカージナルスのメンバーとして来日した時に、当時巨人の遊撃手の広岡達朗は、ブレイザーの練習を真似て自身の守備力が向上したので、「自分がショートをやっていけたのは、彼のおかげだ」としている。

彼の監督時代は、成績を残せなかったが、日本の野球に残した功績は大きい。

ホークス時代 通算成績
366試合
打率：.274
本塁打：15
打点：86
ベストナイン 2回

記憶に残る陽気な黒人選手

ウィリー・スミス（外野手、1972－1973）

意外性のある打撃と底抜けの明るさで、一番記憶に残る助っ人だった。球場で「スミスー」と呼ぶと、帽子を何度も持ち上げたり、ホームランを打つと、観客席に向かって、手を振って応えてくれた。

印象的な試合は、1973年の〝パ・リーグプレーオフ第5戦（西宮球場）〟で、阪急のエース山田久志から、先制本塁打を放ってホームインした後で、観客席に向かって、帽子を取って〝バンザイ〟で、全身で喜びを表現した。

ただ、〝サボリグセ〟があり、2年目は〝無断欠場〟などで、50試合出場にとどまり、解雇された。

ホークス時代
通算成績

170試合

打率：.259

本塁打：29

打点：90

プレーオフ
優秀選手賞

パナマの怪人

ズレータ（内野手、2003−2006）

2003年に、主砲の小久保の故障離脱による攻撃力の穴埋めとして、シーズン途中に入団して、守備難から〝指名打者〟として、パワーを生かした特大ホームランを13本放って、リーグ優勝と「日本一」に貢献した。

〝日本シリーズ第1戦〟はサヨナラヒット、第2戦はダメ押しの〝スリーラン〟を放った。

2004年は全試合に出場して、2割8分4厘、本塁打37、打点100の好成績を残した。２００５年は、一塁手に定着し、３割1分9厘、本塁打43、打点99のどれも〝リーグ2位〟という素晴らしい成績を残した。

２００６年オフに、単年契約に固執する球団と複数年契約を求める彼との交渉が決裂し、12月に、千葉ロッテと2年契約した。

ヒーローインタビューでのパフォーマンスで、「チョップ・チョップ・パナマウンガー!」と博多弁の「ヨカロウモン!」に加え、千葉マリンスタジアムの「幕張ファイアー!」が知られている。

意外に研究熱心で、投手の球種と配球を細かくノートにメモしていた。陽気な性格の反面、短気で、シーズン３回の退場処分を受けている。

ホークス時代 通算成績

454試合

打率：.250

本塁打：122

打点：333

ベストナイン
1回（一塁手）

オールスター戦
出場：2回

サイクル安打
（2007年９月22日
史上61人目）

ダイエーホークスの〝守護神〟

ペドラザ（投手、１９９９－２００２）

１９９９年４月に、米マイナー２Ａより、ダイエーホークスに入団した。当初は、「先発要員」だったが、城島捕手が「抑えに向いている」と王監督に進言し、尾花投手コーチが適性を見極めて、〝クローザー〟に起用した。

「勝利の方程式」の一角として、３勝27セーブの活躍で、「胴上げ投手」となった。翌年も３勝35セーブの大活躍で、〝チームのＶ２〟に貢献し、再び「胴上げ投手」になり〝最優秀救援投手（セーブ王）〟を獲得した。２００1年も4勝34セーブで、〝2年連続セーブ王〟になったが、その後は、勤続疲労による制球力の低下で成績を落として、解雇された。

直球は１４０キロ台だが、球持ちの良さと抜群の制球力で、打たせて取るピッチングが、持ち味だった。

ホークス時代 通算成績
187試合
11勝11敗 117セーブ
防御率：2.70

〝瞬間湯沸かし器〟

バナザード（内野手、１９８８－１９９０）

南海ホークスの〝最終年〟に入団した、メジャーのオールスター出場経験のある「現役大リーガー」で、俊足好打の両打の野手として、期待されて入団した。

「戦う気持ちを忘れてはならない」という〝ガッツの持ち主〟で、練習態度も真面目な選手だったが、「怖い顔、手が早い、威嚇する」という恐ろしさがあった。

気性が荒く、審判に暴言を吐いたり、何度も〝乱闘騒ぎ〟を起こした。大阪球場で、同僚のライトに内角球が顔をかすめた時に、一目散にベンチから飛び出して近鉄の加藤投手にパンチを浴びせたり、前の打者が敬遠四球で歩かされたのを見て、〝サヨナラヒット〟を打った後に、マウンドに詰め寄って、コーチが制止する場面があった。

ダイエー初年度に、本塁打34、打点93の好成績を残した後に、成績が落ち退団した。

ホークス時代 通算成績
308試合
打率：.289
本塁打：67
打点：193

〝金と共に去りぬ〟

ケビン・ミッチェル（外野手・指名打者、1995）

メジャー時代から、「トラブルメーカー」として悪名高かったが、大リーグのストライキの影響もあり、実績抜群を考慮して、総額5億円で入団した。

入団会見では、「世界の王（当時ダイエー監督）を尊敬している。彼を胴上げするために呼ばれたと思っている」と語って、ファンの期待を集めた。

4月1日の西武戦（福岡ドーム）で、1983年の駒田徳広（巨人・横浜）以来の〝史上2人目〟の「初打席満塁弾」の衝撃デビューを飾り、翌日にも、センターバックスクリーンに、120m弾を放ち、球団は彼のTシャツの販売を決めたが、故障が再発して〝指名打者〟に転向し、5月26日には、「サンディエゴで経営のアパートと美容院の経営不振のため」に無断帰国した。

オールスター戦後に再来日したが、ホークスは5位で低迷していて、「チームがまさかこのようになっているとは、思ってもみなかった」と名セリフを残し、8月にはまたも無断帰国を敢行し、球団は「解雇通告」した。

その後、年俸の全額払いを要求する彼と、裁判に発展した。ダイエー球団はこれに懲りて、大物外国人よりも、低年俸で〝扱いやすい助っ人〟を獲ることを決めた。

スポーツ紙の〝見出し〟には、マーガレット・ミッチェルの代表作『風と共に去りぬ』をもじって、「金と共に去りぬ」と書き立てられた。

彼はメジャー復帰後に、レッズのジョンソン監督（元巨人）と、試合中に大乱闘を起こして、2試合の〝出場停止処分〟となっている。

ホークス時代通算成績
37試合
打率：.300
本塁打：8
打点：28

〝奴は、1ペニーの価値もない〟

ブラッド・ペニー（投手、2012）

年俸2億円超でソフトバンクホークスと契約し、メジャーで〝最多勝〟を獲得した実績のある彼は、入団会見で、「日本でも最多勝を獲る！」と豪語した。

ファンの期待も叶わず、寒空吹く4月4日の楽天戦で、3回1/3、被安打7、失点6に、盗塁5を決められて、降板した。

その後は、故障歴のある右肩痛を訴え、検査の結果は〝異常無し〟も、アメリカでの再検査を理由に、退団を申し入れて、了承された。

実は、メジャーの数球団から〝オファー〟があったのが真相らしい。アメリカ帰国後に、ツイッターで「アメリカに戻って、最高だぜ！」と投稿して、ホークスファンの気持ちを、逆なでした。

ソフトバンク球団は、年俸の3分の1の7000万円を支払ったという。まさに、「1ペニーの価値もない男に、金をドブに捨てた」という〝詐欺まがい〟の事件だった。

第2章　プロ野球編

１　意外な〝球界裏話〟集

1 落合博満《ひろみつ》の運命を変えた「意外な一日」

若い頃より「オレ流（マイペース）」の彼は練習嫌いで、東洋大野球部を1年で退部して、大学も中退して、〝プロボウラー〟になる決意をした。

〝無免許〟で友人の車を借りて走っていた時に、検問に引っかかって捕まり、高額の罰金を課せられた。

ボウリングのプロテストの受験料のための貯金が底をつき、生活費にも困るようになったのを助けたのが、高校時代の野球部長だった。

その恩師の世話で、ノンプロの「東芝府中」に就職できて、活躍を認められて１９７８年の〝ドラフト３位〟で、ロッテに指名された。

この年の巨人は、〝江川事件〟によりドラフト会議を欠席したが、彼を2位で指名する予定だった。

②プロ野球優勝時の〝ビールかけ〟の始まりとは？

1959年10月29日後楽園球場で、杉浦忠（元南海・ダイエー監督）の完封勝利で「日本一」に輝いた南海ホークスは、歓喜の胴上げ後に宿舎のホテルに移動し、選手達は鶴岡監督の言葉に神妙に耳を傾けていた。

その時、日系二世のカールトン半田選手が、「どうして嬉しい日なのに、しんみり？みんなハッピー、ハッピー！」と言って、ビールを皆にかけ始めた。

それからあっという間に、全員で〝ビールのかけ合い〟が始められた。この日以来、優勝時のビールかけは、「恒例行事」となった。

③桑田と清原の人生を変えた「運命の一日」

ＰＬ学園高時代に甲子園で活躍した二人は、桑田は〝巨人〟に、清原は〝西武〟に指名されたが、巨人の大ファンの清原は、悔し涙を流した。

早大進学を公言していた桑田は、「清原君には悪いと思いますが、巨人が１位指名してくれたら、プロに行こうと思ってました」と、会見で述べた。

清原は母に、「あんたが男なら、実力で巨人を見返しなさい」と諭され、「桑田より俺のほうが上であることを証明したる！」と、〝打倒巨人〟を誓った。

二人の初対決は、１９８７年７月28日の〝オールスター第３戦〟の思い出の地、甲子園球場での試合で、清原は桑田の初球を、レフトスタンドにホームランを放った。

〝日本シリーズ〟では、西武が４勝２敗で巨人に勝って、「日本一」に輝いたが、一塁手の清原は、勝利の寸前に涙を流していた。

ところで二人は同学年だが、清原は、１９６７年８月18日生まれで、桑田は、１９６８年４月１日生まれである。

「学校教育法」では、4月2日から翌年の4月1日迄に生まれた人が、同学年だ。桑田が一日遅く生まれていたら、二人共巨人に指名されたかも知れない。

しかも、桑田の生まれた年は、4年に1度の「閏年《うるう》」で、1年が366日ある。もし平年なら、桑田の誕生日は4月1日ではなく、4月2日となり、清原の一学年下ということになる。

何という、「運命のいたずら」だろうか。

4 入団交渉と契約金

現在は「栄養費」は〝御法度〟だが、一昔前は当たり前だった。裏交渉で「実際は6000万円支払うが、公表は、5000万円にしてほしい」とか、ある球団と「密約」が交わされている場合には、〝大学進学〟や〝プロ拒否〟を表面上貫くこともある。

指名後は、本音はすぐにでも契約したいのだが、故意に〝入団契約〟を引き延ばして、指名選手中で、一番最後に契約するのだ。

５ 実力が無くても一軍に昇格することもある

チームの状態が悪くて連敗中の時は、「元気で明るい二軍選手」を一軍に上げることもある。

ある選手は、守備固めで一試合しか出番がなかったが、「お前の明るさが、チームに必要だったんだ」と監督に言われて、嬉しかったと語っている。

６ 自主トレは海外で

有名選手になればなるほど、結婚式やサイン会などの数々のイベントに呼ばれることが多い。

そこで、練習に打ち込める環境を求めて、海外でトレーニングすれば、誰にも邪魔されることなく、トレーニングに集中できるのだ。

7 有名選手ほど引退後も高収入！

現役引退後に、解説者だけでなく、スポーツ番組の司会やバラエティ番組のゲストとか講演会やＣＭなどで、「高収入」を得ている元選手も存在する。

彼らの悩みは、「コーチの話があるが、現在の収入の半分以下になるので、断らざるを得なかった」という贅沢な話もある。

8 昔と今では〝待遇の差〟は歴然！

現在は、各球団とも立派なトレーニング施設や洗濯乾燥室に、栄養満点の食事が提供されるが、昔は、寮もクーラーの無いアパートで、食事も食券で給料から天引きされ、移動は夜行列車が普通だった。

現在のプロ野球選手は、環境に恵まれていることを自覚してほしいものだ。

２ 解説者〝名珍言〟集

川上哲治《てつはる》（［故人］元巨人Ｖ９監督）

『ドジャースの戦法』を教科書に、守備力とチームワーク、連係プレーを重視し、選手には、〝品行方正〟を望んだ。

「スカウトに言ったのは、〝家庭がいい（両親の人柄と近所の評判が良いこと）選手を獲得せよ！〟です。子供の頃から、親によって培われた良い性格の選手は、素直に伸びていく。そうでない選手は、伸び悩むことが多いのです」

金田正一《かねだまさいち》（通算４００勝左腕）

「あいつのスイングは、腰が入っとらんね。バッティングもピッチングも基本は同じ、腰と下半身なんですよ」

「やっぱり、投手も野手も走り込まんとね。走り込んだ選手は、夏場にバテない。スタミナが続くんです」

張本勲《はりもといさお》（元東映〈現北海道日本ハム〉の首位打者）

「夜の素振りは、俺の〝睡眠薬〟だ」

豊田泰光《とよだやすみつ》（元西鉄〈現西武〉の強打者）

「三振を恐れては、いいバッティングはできないね。三振は、強打者の勲章みたいなものですよ」

彼自身も、１０００三振を記録している。

長嶋茂雄

彼の話の特徴は、当たり前のことを言い換えたりすることです。

「この投手は、疲労の消耗が激しそうです」

「いやー、松井（秀喜）のホームランには、興奮を通り越してエキサイティングしましたね」

「大事な試合ですが、やはり1点でも多く取った方が勝つんじゃないですか」

「バッティングは、打つべき時に打つべき球を打つことなんですね」

矢野燿《あき》大《ひろ》（元阪神の正捕手）

「3割を打つには、〝しっかり打った〟というヒット以外のヒットが増えてこないと」

投手の解説は、「変化球は、楽に投げるとバッターは振らないんです。変化球ほど、しんどく投げないと。結構労力使うんです。フォークは、腕の振りが勝負なんで」。

掛《かけ》布《ふ》雅《まさ》之《ゆき》（現阪神二軍監督）

「バッティングは、投手に向かった側に、いかに〝壁〟を作るかなんですよ」

「ボールを遠くに飛ばすには、スピンをかけるのが大事なんですね。そのためにも、しっかり〝レベルスイング〟しなければだめです」

川藤《かわとう》幸三《こうぞう》（元阪神の〝代打の切り札〟）

アナ「あの新外人選手、内角にも強くて、長打力も確実性もありそうですが」
川藤「ほんなら、なんで日本に来たっちゅーねん？」
アナ「首位打者争いについて、一言お願いします」
川藤「わしゃ、規定打席に達したことないから、わからん」
〝代打の心構え〟を、宮本慎也（ヤクルトで２０００本安打達成）から聞かれて、
「代打は補欠や。ほんまに期待されとったら、監督かて、４打席打たすやろ。打てんで〝当たり前〟と思っとったらええ」

桑田真澄《ますみ》（元巨人・パイレーツ）

体罰について、「スポーツ医学も道具も戦術も進化し、指導者だけが、遅れています。私自身、小・中学時代は体罰を受けていましたが、高校では、体罰を否定する中村監督の

指導で、一番力が伸びました」。

内野守備について、「日本の野球では正面で捕れと言いますが、これからは、バックハンドが大事になってきます。学校でも練習してほしいですね」。

古《ふる》田《た》敦《あつ》也《や》（元ヤクルト監督、捕手）

「ダルビッシュやマー君（田中将大）は、走者がいない時は球速を抑えてますが、走者が出ると、スピードを出してきます。完投したいからですね」

「ワンバウンドを止めるというより、捕りに行ってます。捕ることができれば、走者を刺せるかも知れない。相手も警戒するし、走ろうとしなくなる」

「澤村（巨人）は、スピードは変わらないが、走者が出ると、コントロールが良くなりますね。彼の課題はフォークボールかなと、フォークに自信が無いとわかったのが、解説者として収穫ですね」

権藤博《ごんどうひろし》（元横浜監督）

「送りバントは、敵にアウトを献上するという、馬鹿馬鹿しい作戦だ」

江川卓《えがわすぐる》（元巨人の名投手）

「この打者は、スライダーにバットが出かかってますね。ストライクゾーンの中で、スライダーをハーフスイングさせるのは、この投手は、調子がいい証拠です。ボールにキレがあるということなんです」

中畑清（元DeNA監督）について、「正直、的確なアドバイスを送るタイプではないんですよ。でも、スゴク勇気をくれる人なんです。彼が居る時は、巨人の野手は、まとまってましたから」。

福本豊《ふくもとゆたか》(元阪急、盗塁の世界記録)

「居酒屋中継」の異名で、大阪人特有の〝ユーモア解説〟が特徴。

アナ「何か、盗塁のコツを教えてもらえますか?」
福本「そうやね。まず……塁に出なアカンな」
アナ「四球を出したところで、投手交代ですね」
福本「やいと(お灸)据えられたんやね」
アナ「スコアボードに、0が並んでいますが」
福本「〝タコ焼き〟みたいやな」
アナ「やっと、1点が入りましたね」
福本「タコ焼きに、〝爪楊枝《つまようじ》〟が刺さったね」
アナ「現役時代に、〝左投手の方がモーションが盗みやすいから、走りやすい〟って、よくおっしゃってましたね」
福本「あー、ありゃ嘘ですよ。そんな訳あらへんがな。まあピッチャーが、嫌がってくれればええかなと思ってね。信じとったの？　フフフ」

アナ「阪急時代は、フェンスによじ登ってホームランボールを取りましたね」

福本「ワシは、猿か！」

また、彼の野球理論には、納得させられる。

「うまい外野手は、飛び込んだりしません。落下地点に早く回り込んで、キャッチします。飛び込む癖がついたら、怪我しますよ」

「〝ヘッドスライディングしたら、セーフになりやすい〟と思てる選手、まだいてるけど、駆け抜けても、到達時間は変わらんのです。怪我する確率が増えるだけです」

3　名選手〝名言〟集

長嶋茂雄

「我が巨人軍は、永久に不滅です」

「スランプなんて、気の迷い。普段やるべきことを精一杯やって、土台さえしっかりしていれば、スランプなんてありえない」

「打った時より、三振した時にいかに豪快に見せるかです。相手投手に、恐怖心を意識させるかを考えました」

原辰徳

「今日、その夢は終わります。しかし、私の夢には続きがあります」

星野仙一（楽天シニアディレクター）

「やるべきことだと思っていることを本気でやっていかなければ、自分の人生も何一つ変わらない。本気か本気でないのかが、人生の分かれ道だ」

「迷ったら前へ、苦しかったら前に、辛かったら前に、後悔するのはその後、ずっと後でいい」

「妥協・限定・満足は禁句ですよ。あくなき挑戦あるのみ」

津《つ》田《だ》恒《つね》実《み》（「故人」元広島のクローザー）

「弱気は、最大の敵！」

野茂英雄（元近鉄－ＭＬＢ）

「チャンスが少ない時代だからこそ、少ないチャンスを生かしてもらいたい」

仰木彬（「故人」元近鉄・オリックス監督）

「プロ野球は、感動産業なんだ」

高橋由伸（巨人監督）

「心・技・体、最後に残った心と魂で、バットを振ります」

ダルビッシュ有（投手、テキサス・レンジャーズ）

「土日の休み、夏休みも冬休みも消えて、友達が遊んでいる時も練習してた。だから、今がある」

黒田博樹（広島カープ）

「勝ち負け以前に、投手として戦う姿勢を見せることが大切だと思っている」

佐藤義則（元阪急、現ソフトバンク投手コーチ）

「プロ野球選手とは、常に自分の頭で考え、向上心が強いことだ」

衣笠《きぬがさ》祥雄《さちお》（元広島で、２２１５試合〝連続出場〟の「鉄人」）

「運というのは、摑《つか》むべく努力している人の所へやって来る」

「〝現在《いま》〟を大事にして、精一杯やるから、〝未来《さき》〟がある」

「人間、自分一人で出来ることには限界がある。だけど、人と力を合わせると不思議なことに、不可能も可能に。夢も現実になっていく。だから、出会う人を大切にする」

沢村栄治（［故人］伝説の元巨人の名投手）

「人に負けるな！　どんな仕事をしても勝て！　しかも堂々とだ」

川上哲治（「故人」巨人選手時代の名言）

「勝負に強いか弱いかは、執念の差である」

「どんなに遠回りに見えようと、勝つためには、基本の積み重ねしかない」

「努力に際限など無い。努力していると思っている間は、本当の努力では無い。努力しているという意識が消え、〝唯一心〟になって初めて、努力と言える」

桑田真澄（投手、元巨人・パイレーツ）

「生きる目的は、自分を磨くことだと思う」

「他人は失ったものに目を向けますが、僕は、得たものに、目を向けます」

「昔のことは、振り返らない。今を精一杯生きる」

「やるか、やらないかですよ、人生は。僕は、一生のスケジュールを立てています」

上原浩治（投手、元巨人、現ボストン・レッドソックス）

「絶対に負けてはならない敵は、相手ではなく、自分自身だ」

「どれだけ自分を律し、辛抱して頑張れるか。意志の強さは、必ず結果に表れる」

「大事なのは、〝挑戦〟すること。失敗しても、悔いる必要はない」

「人の評価や結果以上に大事なのは、自分がどれだけ納得出来るかだ。そうして掴んだ自信は、簡単には壊れない」

４　野球は頭とメンタルのスポーツ

ノムさんは、「野球は、頭のスポーツだ」と述べ、元巨人Ｖ９の名捕手で、西武監督などを歴任した森祇晶は、「野球は、メンタルが重要な要素を占めるスポーツです。精神力の弱い選手は、一流になれません」と述べている。

ノムさんはさらに、「野球は、体力＋気力＋知力である」と述べるが、そこに「イメージ力」を付け加える。

１　体力

年間１４３試合の長丁場を戦うには、自主トレとキャンプの成果が、重要になる。

2 気力（精神力）

南海ホークスの元主将で、近鉄監督などを歴任した岡本伊三美は、「〝必ず打てる〟と自分に言い聞かせてから、打席に入りました」として、「チャンスの時は、〝このおいしい場面で打って、明日の新聞の見出しに載ってやろう！〟と思うのだ。プロならそのくらいのことを考えなければいけない」と語り、「恐怖心」を克服する「メンタル面の鍛錬が必要！」としている。

例えば、頭部にデッドボールを受けてから、スランプに陥りやすくなる。それは、内角球に対して、「また当てられるのではないか」という恐怖心から、無意識のうちに前足が開き腰が引けてしまうことで、フォームが崩れてしまうのだが、勇気を出して、足を踏み込んでいく以外に方法はない。

また、大事な場面でエラーする選手は、緊張で身体が硬くなっているのだが、「次はファインプレーで取り返してやる！」という図太い神経が必要だ。

投手は、打者の頭部への死球から内角に投げるのが怖くなり、選手生命が絶たれた選手がいるが、練習量と開き直りで克服する他ないのである。

３ 知力

打率を上げるには、「投手の配球の読みと癖を研究すること」だそうである。ノムさんがヤクルト監督時代に、事前のミーティングで巨人のエース斎藤雅樹の配球の特徴を頭に入れた小早川が、開幕戦で三打席連続弾を放った。

４ イメージ力

現役時代の長嶋茂雄は、「打球が左中間スタンドに入るイメージを描いて、バットを構えた」そうだ。

前述の岡本伊三美は、１９５１年一軍の初打席に三球三振に倒れた後に、鶴岡監督に、「そのうち打てるようになる。頑張ることや」と励まされて、「この打席の球の速さを思い浮かべながら、投球モーションとタイミングの取り方をイメージして、バットを振り続けた」結果、２年後に〝首位打者〟を獲得して、「ＭＶＰ」を受賞した。

その後、ベストナイン５回、オールスター出場４回の「一流選手」に成長した。

5 球界珍プレー選手集

伝説のヘディング

宇《う》野《の》勝《まさる》（内野手、元中日）

1981年8月26日後楽園球場の巨人対中日戦で、中日の先発の星野仙一は、1980年8月4日からの〝巨人の連続得点記録〟は、「俺が止める！」と意気込んでいた。

中日2－0で迎えた7回裏の巨人の攻撃は、二死一塁の打者の山本功児の打球は、ショート後方に高々と舞い上がり、打球を追った宇野は、何とボールを頭に当てた。ボールが外野に転々とする間に、一塁走者はホームインして、ホームベース後方でバックアップに回っていた星野は、グラブを叩きつけて悔しがった。

打者走者の山本は本塁でアウトになったが、記録は阻止できなかった。星野は、「後で、体《からだ》空けとけ！」と宇野にどなったが、「空いてません！」と返答して、宇野は逃げた。

試合後に、宇野は星野から食事に誘われたが、断った。星野は、「完封が無くなったのが、悔しかったんや！」と言った。その後宇野は、子供達から、「ヘディング兄ちゃん」と名付けられた。

空中キス事件

加《か》藤《とう》博一《ひろかず》（［故人］外野手、西鉄・阪神・大洋〈現DeNA〉）

大洋時代の１９８３年６月４日横浜スタジアムの阪神戦で、打者岡田彰布の左中間への飛球を追っていたセンターの彼は、レフトの長崎啓二と激突した。

この時、加藤と長崎の顔が〝正面衝突〟したので、『プロ野球珍プレー好プレー大賞』で、〝空中キス〟と呼ばれて、「珍プレー大賞」を受賞した。

狼少年事件

達川光男《たつかわみつお》（捕手、元広島カープ）

１９９０年５月24日広島市民球場の阪神戦で、三塁走者がいる場面で、打席の彼の左足に投球が当たり、そのボールがそれる間に、走者はホームインした。

痛みを必死に耐えて、〝当たってない猛アピール〟をしたが、阪神ベンチの抗議により、審判団の話し合いの結果、〝デッドボール〟と判定され、走者も三塁に戻された。

その後、足を引きずって一塁に向かう彼の姿は、童話の『狼少年』を地でいくプレーとして、「珍プレー集」に何度も使われた。

実際、足の親指の爪が割れて血が出ていたので、代走が送られた。また、ボールが身体に当たってないのに、「当たった！」と大げさにアピールしたことも、何度もあった。

「番外編」として、彼はコンタクトレンズを、試合中に二度も紛失して、ホームベース周辺で、両軍総出の〝大捜索劇〟となり、場内は爆笑に包まれた。

6　球界〝芸人顔負け〟選手集

究極のエンタテイナー

マット・ウインタース（外野手、日本ハム、１９９０－１９９４）

入団以来、30本塁打以上を４年連続し、チームの四番打者として活躍した。野球以外でファンを楽しませる心の持ち主で、「踊るホームラン王（実際はタイトル無し）」という異名があった。

伝説芸　その１

雨天中断時に、バッターボックスに立つと、ホームランを打ったようなスイングをして走り出し、ベースを一周して、ホームに水しぶきを上げて滑り込んだ。

伝説芸 その2

1992年のキャンプ初日に、「手品」を披露した。新人の女子アナの前で、ハンカチを2枚取り出して結ぶと、意味不明の呪文を唱えながら彼女の胸元に入れようとした瞬間に、ハンカチを素早く引くと、なんと2枚のハンカチの結び目には「ブラジャー」が！見物人は抱腹絶倒し、彼女は自分の下着が取られたのかと、顔を真っ赤にした。

伝説芸 その3

遠征先の球場で、チアガールの後ろで〝つけヒゲ〟を付けて、踊りまくった。1993年には、彼と一緒に踊るダンスチーム「ファイティーガールズ」が結成され、頭にセミロングの〝かつら〟をかぶり、花柄の短パンで、一緒に踊った。

伝説芸 その4

おもちゃのヘビを頭に巻いたり、ワイパー付きのサングラスで練習に参加したり、千円札が500円玉に変わるマジックを披露した。

常に、「芸の仕込み」に余念がなかったが、実は〝敬虔《けいけん》なクリスチャン〟で、試合前には、心を落ち着かせて聖書を読んでいた。

ホームランと楽しいパフォーマンスでファンの心を掴んだ、記憶に永遠に残る選手だった。

現在は、北海道日本ハムの「駐米スカウト」を担当している。

現役通算成績
637試合
打率：.267
本塁打：160
打点：428

助っ人〝三冠王〟のCMとは？

ブーマー（グレッグ・ウェルズ、内野手、阪急・オリックス・ダイエー、1983―1992）

1984年に、3割5分5厘、本塁打37、打点130で、「外国人選手初の三冠王」になるなど活躍した。〝強力助っ人〟の1985年の「湿布薬のCM」に出演した。

デッドボールが直撃！　相手投手目がけて一直線に襲い掛かると思いきや、着いた所は〝薬局〟、そこで大柄の体を丸めてドアを開けると、こう言った。

「パスタイムください」

お姉さんに、その〝湿布薬〟を受け取ると、ホッとした表情で、「ハンキュー（阪急）ベリーマッチ」。

稀に見る「恐妻家」の彼は、一日の小遣いが2000円なので、いつもフライドチキンやうどんを食べており、当時の阪急上田監督は、ステーキを御馳走した。

また、登録名は、「ブームを呼ぶ男」という意味だそうだ。

現役通算成績
1148試合
打率：.317
本塁打：277
打点：901

「タロウ」と名乗った助っ人

ホージー（外野手、ヤクルト、1997－1998）

来日当初は、打てず、守れず、走れずの「史上最低の助っ人」の低評価だったが、研究熱心な選手で、相手投手の球種や癖をメモしたノートを持ち歩き、来日初年度は、打率2割8分9厘、本塁打38、打点100、盗塁20の成績で、〝ホームラン王〟と〝ベストナイン〟に輝き、リーグ優勝に貢献したが、翌年は打撃が低調で解雇された。

陽気な選手で、常に〝笑い〟を提供した。高津臣吾に、「こいつアホだよ」と言われて、

「お前がアホ！」と返した。

「アウーン」と奇声を発したり、チームメイトに、「ビリー（飯田哲也）」「ＪＪ（池山隆寛）」「ジェームス（稲葉篤紀）」と名付け、自分は、「太郎」と名乗った。

他球団のマスコットガールと、一緒に踊った。マイケル・ジャクソンのコスプレをして踊ったり、練習中の音楽に合わせて踊った。

横浜（DeNA）のマスコット「ホッシー」のコスプレをした。

「キンチョウのＣＭソング」や「チョーヤ梅酒のＣＭソング」を歌った。

テカテカ投法

佐野慈紀《しげき》（投手、近鉄・オリックス、１９９１―２００３）

中継ぎ投手として活躍した彼は、ある日の試合で、ワインドアップで投げた時、手が帽子のツバに当たって、飛んでしまった。

彼の光り輝く頭が露見して、打者が笑いながら「タイムコール」をした。それ以後、「テカテカ（ピッカリ）投法」と名付けられた。

自虐ネタが自慢で、「チビ、デブ、ハゲ」と三拍子揃っていると言った。『ゲゲゲの鬼太郎』の替え歌で、「♪ハゲ・ハゲ・ハゲ・ハゲ・シゲ、みんなで歌おうハゲ・ハゲ・シゲ」と歌った。

アートネイチャーのCMの替え歌で、「男は、オオカミ、俺は少髪《ショウカミ》」。持ちネタでは、「カツラ業界の皆さん、ドラフト1位でどうですか？」。

チャリティー野球教室で、勢い余ってフェンスに激突した時、司会に、「佐野さん、怪我ないですか？」と聞かれて、「はーい、ケガ（毛が）無いです。やかましーわ」と答えて、爆笑を誘った。

球界の〝お笑い芸人〟

パンチ佐藤（佐藤和弘、外野手、オリックス、1990−1994）

〝パンチパーマ〟の彼を、当時のオリックスの仰木監督が改名して、イチローと共に売り出そうとした。爆笑コメントで人気があった。

ドラフト1位で指名直後に、熊谷組の寮への上田監督からの電話で、「会社の上の人と相談して決めることですけど、自分の心は一つです」と答えた。

ドラフト会議後は、「ちゃんとスポーツニュースで紹介してくださいよ。その他のドラフト選手ですって、字幕でピューッてのは、やめてくださいよ」とコメントした。

爆笑コメント集

「僕は、レオ（西武ライオンズ）の尻尾が、見えるんです」

「プロへの扉を開いてくれた上田監督。芸能界への扉を開いてくれた仰木監督」

「毎日の健康状態は、ウンコで判断します」

「この佐藤和弘のために、12万5000人（実際は2万7000人）のファンの皆様、ありがとうございました」

球界の妖精

谷口《たにぐち》雄也《ゆうや》（外野手、北海道日本ハム、２０１１－）

俊足好打で、母校の先輩イチローばりの強肩の彼は、女優の剛力彩芽似で、「可愛すぎるスラッガー」の異名がある。

その本領を発揮したのは、２０１４年11月22日に札幌ドームで開催の「ファイターズファンフェスタ」での出来事でした。

「女装コンテスト」で登場した彼は、「美少女サンタ姿」で、場内のファンを魅了した。

当然、ダントツ1位で〝優勝〟して、「恥ずかしくてたくさん汗をかいていますが、嬉しいです」とコメントした（谷口選手、サンタで検索）。

しかし、家族には不評で、兄には「気持ち悪い」と言われ、母からは、「もうねえな！」とダメ出しされた。

彼は、「もうコリゴリです。本業は野球ですから」と、二度とやらないそうだが、残念な気もする。

7 名選手列伝

世界のスーパースター

イチロー（外野手、マイアミ・マーリンズ）

２０００年のオフ、シアトル・マリナーズのファンは、意気消沈していた。

「何を楽しみに、球場に行けばいいんだ！」と。

何しろ、主砲のアレックス・ロドリゲスがテキサス・レンジャーズに移籍したのだ。イチローの51番は、「ランディ・ジョンソンの番号を汚すものだ」と言われ、彼の特異な打撃フォームは、「あの打ち方では、メジャーの投手の速球に対応できないだろう」と評された。

元レッズの投手で、ＥＳＰＮのアナウンサーのロブ・ディブルは、「もしイチローが首位打者になったら、裸でニューヨークのタイムズスクエアを走ってやるぜ！」と公言した。開幕前に、ドジャースのＧＭが、主砲のシェフィールドと彼との交換トレードを打診してきた。

イチローの名を全米に高らしめたのは、４月11日のアスレチックス戦だ。地元オークランドのファンは、「日本に帰れ！」とヤジを浴びせていた。

８回裏のアスレチックスの攻撃で、ライト前ヒットで三塁を狙った一塁走者のテレンス・ロングは、ライトからの矢のような返球で、アウトになり脱帽した。

球場は静まり、地元ファンは、「アメイジング（びっくり）！」と驚嘆した。

「ザ・スロー（魔の送球）」と称されたこの返球を、シアトルの地元紙は、「額に入れてルーブル美術館のモナ・リザの隣に、飾っておきたいほどの送球を見せてくれた」と賞賛した。

イチローの広範囲の守備は、「エリア51」と名付けられた。この名の由来は、様々な物が消息を絶っていると言われる〝極秘施設〟からきている。

彼の勝負強い打撃と守備と走塁は、シアトルのファンを魅了した。５月22日の『シアトル・タイムズ』紙に、「これほどの短期間で米球界に衝撃を与える選手になることを、誰が予想しただろう」という記事が掲載された。

シアトル開催のオールスター戦は、ファン投票1位で選ばれ、ナショナルリーグから1位で選ばれたジャイアンツの主砲バリー・ボンズは、ユニフォームの交換を申し出た。

チームメイトは彼を、「バットを持った魔術師」と言った。イチローの快進撃は続き、「MVP・首位打者・盗塁王・ゴールドグラブ賞」を獲得した。

前述のロブ・ディブルは、公約通りにタイムズスクエアを走った。メジャーの「アンタッチャブルレコード（到達不可能な記録）」と称された、ジョージ・シスラーの〝シーズン257安打〟を84年振りに更新し、2004年に、「世界記録の262安打」を記録した。

熱狂的なファンも多く、「イチロー首振り人形プレゼント日」には、徹夜で並んだ。有名なエイミーさんは、〝イチメーター〟というボードを掲げて、安打数を表示した。

2013年8月に、彼女が「日米通算4000本安打」を見届けるために、ニューヨークの試合でボードを掲げた後、彼女の元には、イチローからメッセージカードと記録達成時に着用していたリストバンドが届けられ、カードに、「来てくれて、ありがとう」と書かれていた。

野球が盛んなキューバでは、「神様のような存在」で、カストロ元議長は、「イチローは、世界最高の打者だ」と言ったそうだ。

10年連続２００本安打も記録し、日本人選手唯一の「米野球殿堂入り」が確実だ。１９９１年のドラフト４位入団の彼が、不世出の名選手になると誰が思っただろう。

イチロー名言集

「小さなことを積み重ねることで、いつの日か信じられないような力を出せる」

「何事も前向きに行動することが、可能性を生む」

「努力した結果、何かができるようになる人を〝天才〟と言うなら、そうだと思う」

「自分の持っている能力を活かすことができれば、可能性が広がると思います」

「考える労力を惜しむと、前に進むことを止めてしまうことになります」

「今、自分がやっていることが好きであるかどうか、それさえあれば、自分を磨こうとするし、常に、前に進もうとする自分がいる」

「夢は、近づくと、目標に変わる」

「結果が出ない時、どういう自分でいられるか。決してあきらめない姿勢が、何かを生み出すキッカケをつくる」

「しっかり準備もしていないのに、目標を語る資格はない」

「進化する時は、形はあまり変わらない。だけど、見えないところが変わっている」

「なりふり構わないで、自分の行きたい道を進むこと」

メジャーを驚かせた〝トルネード〟

野茂英雄（投手、1990－2008）

1989年に、史上最多の8球団の指名の中から、ドラフト1位で近鉄に入団した。1990年の新人年から、独特の〝トルネード（竜巻）投法〟で、「4年連続最多勝・最多奪三振」を獲得する活躍をしたが、1994年は、右肩痛のために記録も途切れた。

この年のオフは、〝複数年契約〟を拒否され、鈴木啓示監督に「フォームの修正」を要求されるなどの〝不信感〟から、球団との交渉が決裂して近鉄を退団し、夢である「メジャー挑戦」を決意した。

翌1995年2月8日に、ロサンゼルス・ドジャースと、年俸980万円（前年1億4000万円）で、〝マイナー契約〟を結んだ。

オープン戦で結果を残し、5月2日のサンフランシスコでのジャイアンツ戦で、〝メジャーデビュー〟を飾り、村上雅則以来の31年振り2人目の〝日本人大リーガー〟が、誕生した。

6月2日のニューヨーク・メッツ戦で〝初勝利〟を挙げると、29日のコロラド・ロッキーズ戦では〝ノーヒットノーラン〟を達成し、13勝6敗、防衛率2・54の成績で、〝新人王・最多奪三振〟を獲得した。

メジャーのストライキの後遺症を払拭する〝救世主〟となり、クリントン米大統領は、「彼は、〝日本の最高の輸出品〟だ」と賛辞を送った。

日本人選手初の〝オールスター戦開幕投手〟も務め、全米に「ノモフィーバー」が起こり、「NOMOマニア」という熱狂的ファンも現れ、ドジャースタジアムには、寿司屋と牛丼店までオープンした。

2000年のデトロイト・タイガース時代には、〝開幕投手〟を務めた。2001年4月4日のオリオールズ戦で、レッドソックスの投手として、自身2度目となる〝ノーヒットノーラン〟を達成したが、地元のオリオールズファンまで彼を応援していたほどだ。

彼の功績は、日本人選手に、〝メジャーへの道〟を開いたことである。

日米通算成績

462試合

201勝155敗

防御率：3.86

前人未到の〝3度の三冠王〟

落合博満（内野手、ロッテ・中日・巨人・日本ハム、１９７９－１９９８）

１９７８年のドラフト３位で、ロッテオリオンズ（現千葉ロッテマリーンズ）に入団した。彼の凄さは、〝3度の三冠王〟は勿論、〝通算５００、１５００、２０００本安打〟を全て、ホームランで、自ら祝砲をあげていることに加え、１９９６年、43歳で、３割１厘、本塁打21、打点86の好成績を残していることだ。

現役通算打率３割１分１厘は〝日本人右打者の歴代最高〟であり、「プロ野球史上最高の右打者」と評されている。

しかし、入団当初の評判は悪く、名球会会長の金田正一は、彼の打撃を酷評したので、プロ入り２年目に、「将来、たとえ２０００本安打を打てたとしても、名球会には入らない」と断言した。

１９８２年は、28歳の〝史上最年少の三冠王（３割２分５厘、本塁打32、打点99）〟に輝いたが、評論家に「三冠王レベルではない」と酷評されたのに発奮して、１９８５年には、打率3割6分7厘、本塁打52、打点146（パ・リーグ記録）の比類無き成績で、〝2度目の三冠王〟に輝いた。

翌1986年も2年連続で〝三冠王（打率3割6分、本塁打50、打点116）〟を獲得したが、師と仰ぐ稲尾和久監督が解任されたために、「ロッテに居る必要がない」と発言して、大型トレードで中日に移籍し、日本人選手初の1億円プレーヤーになった。

1988年には、本塁打32、打点95で〝中日のリーグ優勝〟に貢献し、1989年は、116打点を挙げて〝史上初の両リーグ打点王〟を達成した。

1993年に、〝史上初の両リーグ200本塁打〟を達成したが、オフに、ファンである巨人の長嶋監督の〝熱烈ラブコール〟により、「自分を必要としてくれるチームで、プレーしたい」と語り、巨人にFA入団した。

巨人の四番打者として、〝2度のリーグ優勝〟に貢献している。1996年8月に、左手首への死球により戦線離脱し、オフには、巨人が清原和博を獲得したため、FAで日本ハムに移籍したが、故障が完治せず、1998年限りで引退した。

恩師の故稲尾和久への思いは、「監督と選手の立場を超えて、野球を語り合う存在であり、打者には分からない投手心理は、私の財産になった」と語っている。

また、彼独自の〝神主打法〟は、プロ入り時の山内一弘監督から教わったことが生きていると言う。

現役引退後は、2004年の中日監督就任初年度に優勝するなど、〝4度のリーグ優勝〟に、CSから勝ち上がった日本シリーズでは、日本ハムを下し、「日本一」になった。

その功績が認められて、「正力松太郎賞」を受賞している。

彼の有名なエピソードとして、次のような話がある。

シーズン終盤の打撃練習中にカメラが目の前を通るので、「危ないよ！」と警告したが、カメラマンが聞き流したために、「じゃあ、そこ狙うから」と言って、フジテレビカメラのレンズへ打球を直撃させた。

また、東尾修（元西武監督）から死球を受けた彼は、その二打席後に、投手強襲ヒットで報復、東尾の左肩を直撃して、病院送りにした。

中日時代に、当時近鉄の野茂英雄を「フォークばかり投げるオジンくさい投手だ」と挑発し、オールスター戦で高めのストレートを、ライトスタンドに運んだ。

現役通算成績

2236試合

打率：.311

本塁打：510

打点：1564

MVP：２回

ベストナイン
10回

オールスター戦
MVP：２回
（出場15回）
など

落合名言集

「人間がどうしても捨てられないものに、先入観がある」

「どんないいヒントをもらっても、実行しなければ成果は上がらない」

「志の低い人間は、それよりさらに低い実績しか挙げられない」

「基本に忠実に、普通のことを普通にさせた。それが、上達の一番の近道」

「最も厄介なのは、感覚や時の勢いだけで物事に取り組む人だ。そんな勢いは、決して長続きしないことを覚えていてほしい」

「壁にぶち当たった時に、自分のやってきたことを否定してしまうと、全てがスタートに戻ってしまう」

「監督は、選手の見えない努力をちゃんと見抜いてあげられる人でないといけない。選手が悩み迷っている時に、背中を押してやったり、〝失敗してみろ！〟と逃げ道を作ってやったりする。それが、〝人を育てる〟ことなのです」

「現実的には無理だと分かっていようが、〝ウチは、優勝を狙います。それだけの戦力はある〟と言えるのが、〝真の指導者〟だ」

世界の〝ゴジラ〟

松井秀喜（外野手、1993―2002〈巨人〉、2003―2012〈MLB〉）

ヤンキースファンに絶大な人気を誇る彼は、3年連続100打点以上を挙げるなど、無類の勝負強さを発揮し、彼がヤンキース所属後にチーム2度の〝ワールドシリーズ優勝〟に貢献し、紳士的で誠実な人柄で愛されている。

2009年のワールドシリーズでは、フィリーズのエースのペドロ・マルチネスから2本のホームランを放つなど、打率6割1分5厘、8打点と〝シリーズMVP〟の大活躍で、「ヤンキースに、最後のチャンピオンリングを与えた男」と、尊敬されている。

しかし、その道のりは、決して平坦ではなかった。

2003年のメジャー開幕から2カ月は、内野ゴロの山を築いて、『ニューヨークタイムズ』紙には、「ゴロキング」と見出しがでるなど、酷評された。

彼は、不調の時も記者の質問に丁寧に返答し、記者連中をレストランに招待したこともあった。

これは極めて異例のことで、メジャー初の「グッドガイ賞」を受賞した。その理由について、「常に相手を敬い、尊重する心を持つ。それを評価して頂いたのであれば、嬉しいですね」と答えている。

高校時代から「超高校級の怪物」で、1992年の〝夏の甲子園大会〟2回戦での「5打席連続の敬遠四球」は、社会問題にまで発展した。

阪神ファンを公言していたが、この年に、プロ4球団から1位指名を受けて、交渉権を得た巨人の長嶋監督からの直接の電話に、感激した。

春季キャンプから、推定１５０ｍの場外弾を連発して、「こんな高校生は、見たことがない」と、打撃コーチの度肝を抜いた。

しかし、オープン戦では打率1割以下と打てずに、二軍落ちした。

彼は、「落としたことを後悔させるように、頑張ります」と答え、その言葉通りに、本塁打４、打率３割７分５厘の活躍で、一軍に昇格して、５月１日東京ドームのヤクルト戦で、初安打初打点を記録し、１９９３年の新人年は、本塁打11本（セ・リーグ高卒記録）を放った。

その後は順調に成長し、１９９５年の内角球を克服する練習の成果で、１９９６年は、打率３割１分４厘、本塁打38、打点99の好成績で、22歳にして〝1億円プレーヤー〟になった。

１９９７年は、清原和博との「ＭＫ砲」で、通算１００本塁打を記録した。１９９９年は、日米野球でのサミー・ソーサからのアドバイスで、〝広角打法〟を身に付け、自己最多の42本塁打を放った。

2000年は、開幕から四番打者として、打率3割1分6厘、本塁打42、打点108で、1998年に続く2度目の〝本塁打王と打点王〟となり、プロ野球界に最も貢献した人物に贈られる「正力松太郎賞」を受賞した。

また同年に、史上4人目の「公式戦・オールスター戦・日本シリーズの三つのMVP」を獲得し、オフの日米野球のメジャー選抜のコックス監督は、「バットスイングが速い」と絶賛した。

翌2001年は、初の〝首位打者（打率3割3分3厘）〟となり、5年50億円の大型契約を拒否し、次年度の〝FA権行使〟を明言した。

2002年は、自身3度目の〝本塁打王（50本）と打点王（107点）〟を獲得して、FAで、ニューヨーク・ヤンキースと3年契約を結んだ。

座右の銘は、父から贈られた「努力できることが、才能である」という言葉だ。また、「他人の悪口を言わない」ことも肝に銘じており、パフォーマンス無しは、「打たれた投手に、失礼ですから」と答えている。

現役通算成績（NPB）
1268試合
打率：.304
本塁打：332
打点：889
MVP：３回 など
（MLB）
1236試合
打率：.282
本塁打：175
打点：760
ワールドシリーズMVP

〝ゴジラ〟松井名言集

「生きる力とは、成功し続ける力ではなく、失敗や困難を乗り越える力だ」

「過去に戻ることはできません。しかし、未来の自分は、コントロールできます」

「困難に直面した時、〝今、自分にできることは何か？〟を自問します。きっと、前に進める選択肢があるはずです」

「失敗と上手に付き合っていくためには、〝今、自分にできること〟に集中する」

「置かれた状況を受け入れなければ、前に進めないし問題も解決しません」

「一つ何かをクリアしても、その先にはまた一つ、新しいテーマがある」

24勝0敗の〝スーパーエース〟

田中将大《まさひろ》（投手、２００７−２０１３〈楽天〉、２０１４−〈ＮＹ・ヤンキース〉）

東北楽天の入団会見で、18番のユニフォーム姿で、「これに恥じない投手になれるよう頑張りたい。いずれは、日本球界を代表する投手になりたい」と夢を語ったが、有言実行の〝球史に名を残す偉大な投手〟である。

２００７年の〝新人年〟の当初は、先発しても打たれたが、打線が奮起して彼の負けを消してしまうことが多く、登板４試合目のソフトバンク戦で、〝完投初勝利〟を挙げると波に乗り、11勝７敗で、「新人王」を獲得した。

「マー君、神の子、不思議な子」と発言した野村監督は、こう述べている。まず、チームメイトからの信頼が非常に厚いことと謙虚なのに芯は強く、高いプライドを内に秘めている点だ。

また、野手が好守すれば、その選手に向かってグラブを叩き、〝感謝の拍手〟をして賛美の声を上げ、チェンジになると、その選手が戻ってくるまでベンチの前で待って、グラブでハイタッチする彼の姿勢は、野手の信頼を高めてチームの士気を上げているのだ。

２００８年は、江夏豊以来の高卒新人40年振りの〝2年連続１５０奪三振〟を記録した。２００９年は、15勝を挙げて、〝不動のエース〟となり、２０１１年は、19勝５敗、防御率１・２７で、〝投手四冠（最多勝・最優秀防御率・最多勝率・最優秀投手）〟を獲得して、「沢村賞」などを受賞した。

圧巻は、２０１３年の〝24勝無敗〟であり、前年からの28連勝にCSの2勝を加えて、30連勝の「ギネス世界記録」を達成して、チームの「日本一」に貢献した。

オフには、ポスティング制度で、ニューヨーク・ヤンキースの一員となった。

現役通算成績
（NPB）
175試合
99勝35敗
防御率：2.30
MVP：1回
沢村賞：2回 など
（MLB）
44試合
25勝12敗
防御率：3.16

マー君名言集

「人生に無駄はない。この時間を生かすも殺すも自分次第」

「夢や目標に向かって頑張る姿は、（中略）やがて、人生の財産になっていくはず」

「遠い未来は、目指さない。常に、〝明日の目標〟をクリアし続ける」

メガネの〝名捕手〟

古田《ふるた》敦也《あつや》（捕手、ヤクルト、１９９０－２００７）

「のび太君」の愛称で親しまれ、球界の〝眼鏡を掛けた捕手は、大成しない〟という常識を打ち破って、頭脳的なリードと巧打で活躍し、「野村ＩＤ野球の申し子」と称された。

一般入試で立命館大に入学した努力家で、卒業時に指名が無かったため、社会人のトヨタに入社後、〝ソウル五輪の銀メダル〟獲得に貢献し、１９８９年のドラフト２位で指名され、野村監督の徹底した技術指導を受けた。

１９９２年は、〝オールスター第2戦〟で、史上初の「サイクルヒット」を記録し、打率３割1分6厘、本塁打30、打点86で、１９７８年以来の14年振りの「リーグ優勝」に貢献した。

翌１９９３年は、１６１安打の〝セ・リーグシーズン最多安打〟で、「リーグＶ２」を達成した。１９９７年には、「シーズンＭＶＰ」に加えて、「日本シリーズＭＶＰ（打率５割、本塁打１、打点３）」を受賞した。

２００３年6月28日は、１試合４本塁打の「日本タイ記録」を樹立した。打者としては、腕を柔らかく使った〝広角打法〟に定評があり、投手の配球を読む能力も上手だった。

捕手としては、打者の心理と癖を読む「頭脳的なリード」が評価された。特筆すべきは、正確な送球と強肩が要求される〝盗塁阻止率〟だ。

４割で一流とされるが、５割以上のシーズンが6回もあり、１９９０年から１９９４年までの5年連続を含む10回の「盗塁阻止率1位」を記録した。

中でも、１９９３年の6割4分4厘と２０００年の6割3分は、驚くべき数字だ。

「ヤクルトは、古田のチーム」と言われ、〝扇の要〟として、貴重な役割を果たした。

また、「プロ野球選手会長」として、選手の権利の強化に熱心に取り組み、2000年には、「契約時の代理人制度」を確立させた。

現役通算成績
2008試合
打率：.294
本塁打：217
打点：1009
MVP：2回
首位打者：1回
ベストナイン：9回
ゴールデングラブ賞 10回
最優秀バッテリー賞 6回
オールスターMVP 2回（出場17回）
セ・リーグ会長特別賞：1回（同特別功労賞1回）
など

―関西のラジオ番組での矢野燿大（阪神一軍作戦兼バッテリーコーチ）との対談―

矢野「古田さんは、打撃もリードも送球ももちろん凄かったんですが、何がスゴイって、キャッチングですよ。ヒザが相当柔らかかったんでしょうけど、おばあちゃんがベチャーと座るような構え方。あれなんか、絶対真似できませんからね」

古田「あれヒザが柔らかいというより、俺、元々足首の関節が、グニャグニャやねん。

だから、違和感無くできたというか」
矢野「だから、外のワンバウンドの球も、ミットで獲りに行ってますよね？」
古田「ほんまは矢野とかみたいに、体全体で止めに行かんとダメなんやろうけど、あれって痛いやん（笑）。そやから、ミットで獲ってまえーって感じ」
矢野「あのミットの構え方で、かなり審判にボール球をストライクに見せてたとか、高津や石井一久なんか、あれで相当稼がせてもらってたと思いますよ」
古田「うん、自分で言うのもなんやけど、俺、キャッチングとスローイングに関しては、歴代の先輩の方々も含めても、〝ナンバー1〟やったんとちゃうかと思う。あっ、こんなん聞いたら、谷繁（中日監督）が黙ってへんやろけど（笑）」

古田敦也名言集

「野球は、〝実力〟ではなく、〝実績〟の世界」
「何となくという感じで投げてしまうと、悪い結果が出ることが多い」

「データを集めて傾向を探ることも含めて、相手の思考を考察していくと、勝てない相手にも勝つことができる」

「野球選手は、高校時代にスターだったとか、成功体験をしてプロに入ってくる選手が、多くいます。そういう選手は、その時の事が忘れられず、変化することを怖がって伸び悩む人が多い」

「失敗しても、しっかり反省して日が変わったら忘れる。結局、気持ちを切り替えられる人間が、プロとして残っている」

「優勝が、捕手の喜びを教えてくれた」

「決断は、しっかり準備してから」

「初めて出るピッチャーに、こう言いますね。〝平常心になんてなれないから、心していくように〟と」

メジャーを旅した〝宇宙人〟

新庄剛志《しんじょうつよし》（外野手、阪神・MLB・北海道日本ハム、1991－2006）

彼が名選手か否かは、意見が分かれるが、外野守備と強肩・走塁は、一級品だ。しかし、メジャー挑戦には、誰もが疑問符を付けた。

何しろ、「ミスタータイガース」としての人気は抜群だったが、日本での通算成績は、打率2割4分6厘、本塁打145、打点518だった。

2000年オフに、阪神球団が提示した〝5年総額12億円〟を蹴って、僅か年俸20万ドル（約2200万円）で、ニューヨーク・メッツ入団を選択したのだ。

記者会見で「やっと、自分に合った野球環境が見つかりました」と述べた。挑戦を決意した理由は、「ニューヨークの裏通りを、歩いてみたかったから」とは、やはり〝宇宙人〟と称されるだけあって、常人の思考の域を超えている。

4月5日に〝メジャー初ホーマー〟を放ち、最大の見せ場は5月20日のニューヨーク・シェイスタジアムのドジャース戦で、9回裏二死一、三塁の場面で彼に打席が回ってきた。

マウンドには、前年43セーブの〝ドジャースの守護神〟トレーバー・ホフマンが立つ。速球とチェンジアップで、10年以上メジャーを生きてきたベテラン投手だ。

新庄に対して、外角に逃げるスライダーで、二球空振りさせた。タイミングが合っていないと見て、三球目もスライダーを選択した結果、コンパクトに振り抜いた打球は、センター前の「サヨナラヒット」となった。

試合後のヒーローインタビューは、〝宇宙人〟そのものだった。

「あの空振りが無かったら、打てていない。空振りは見た目は悪いけど、〝スライダーの軌跡〟が、自分の中にすごく残った」

さらに続けて、「ストレート一本、狙いは、それだけ！」。スライダーを空振りして、軌跡を頭に叩き込み、それでも〝ストレート狙い〟で、ヒットを打ったのだ。

それと同じことが、過去に日本でもあった。１９９２年9月17日の甲子園球場での広島戦で、大野豊投手からの〝サヨナラホームラン〟のコメントで、「ストレートだけ待っていて、パームボールが見えた」。

その後も、守備や打撃の活躍を見せて、ニューヨークの地元紙には、「ＳＨＩＮＪＯＹ

（彼とＥＮＪＯＹを合わせた造語）」という見出しが載るほどで、人気を集めた。

特に、満塁時の打率が５割８分３厘となり、年俸は、１３５万ドル（約１億３５００万円）に跳ね上がった。

しかし、右内太股の故障などで成績を落として、マイナー暮らしが続き、２００３年のオフは、日本復帰を決意した。

２００４年は、最初のオファーで入団を決め、北海道日本ハムに所属した。１２３試合に出場して、打率２割９分８厘、本塁打24、打点79の好成績を残したが、その後、守備の衰えと体力の限界を感じ、２００６年の開幕直後に異例の〃引退表明会見〃を開いて、「28年間、思う存分野球を楽しんだぜ！　今年で、ユニフォームを脱ぎます打法」と、コメントした。

１９８９年にドラフト5位で阪神に入団し、１９９2年のプロ入り3年目に、〃初打席初球ホームラン〃の鮮烈デビューを飾り、「シンデレラボーイ」と称された。

１９９5年オフは、藤田平監督との確執から、一時は引退表明をした。

１９９9年のオープン戦で、投手に挑戦したり、１９９９年の6月12日の巨人戦で、

〝敬遠球サヨナラヒット〟したりと話題の多い選手だったが、白井一幸日本ハムコーチは、「チームの勝利とファンに喜んでもらえることを優先していた」と語っている。

記憶に残る選手だったが、現在は、バリ島在住でモトクロスバイクに夢中だそうだ。

現役通算成績 (NPB)
1411試合
打率：.254
本塁打：205
打点：716
ベストナイン 3回
オールスター戦 MVP：2回 (出場7回)
ゴールデングラブ賞 10回
など

(MLB)
303試合
打率：.245
本塁打：20
打点：100

〝宇宙人〟新庄語録

(先発を外されたショックに)「出番ナシオちゃーん」

「僕は、常にオーラを出す練習している。今日は、162%」

「これまでも、チャンスでしか打てなかった」(好機に強い打撃を披露した後で)

「自分で言うのもなんだけど、結構人気者です」

「体力の限界はあるが、頭の限界は無い」

「バッティングは、白い球を強く打つ！」

「僕は、盗塁に興味が無いんです」

「勇気あるオーナーがいるなら、1年だけ監督をやりたい」

「僕がメジャーで通用すれば誰でも来れると思うので、門を開けてあげたい」

「打つと思ったでしょ！　〝打つと思った〟って言ってよ」（サヨナラ安打後に）

「記録は、イチロー君に任せて。記憶は、僕に任せて！」

「来たっと、振ったら入った。意味ナシオちゃーん」（メジャー初アーチ後に）

「ボール球に、手を出しているのかなと、振った後に気づいてる」（スランプ状態の時に）

（メジャーのオープン戦で、20勝を5回の名投手から三振した後で）

「いい投手と聞かされてた。どんな投手か聞いてなかったら、打てたかも。絶対打ってやろうと力んでしまうから、知らない方がいいんです」

「やっていて面白いから、いいプレーにつながっていると思う」

（北海道日本ハムファイターズの入団会見で、ヒルマン監督について）

「メジャーは英語ばかり、やっと日本語が話せると思ったら、監督が外人だった」

「これからは、メジャーでもない。セリーグでもない。パリーグです」

「今日のヒーローは、僕じゃありません。みんなです！」（ヒーローインタビューで）

「残り僅かな野球人生、明るく楽しく白球を追いかけることを、今日この日、みんなに約束します」

８　球界〝強力助っ人〟列伝

２年連続〝三冠王〟の最強助っ人

ランディ・バース（一塁手、阪神、１９８３－１９８８）

「オバマ米大統領を知らなくても、ランディ・バースを知らない阪神ファンはいない」と言われるほど、衝撃的大活躍した「神助っ人」であった。

メジャー時代は、「ニューヨークからロサンゼルスまで飛ばす男」と言われたが、幼年時に足を複雑骨折した影響で、守備に難があった。

１９８３年に阪神に入団し、打率２割８分８厘、本塁打35、打点82の好成績を残し、25試合連続安打を記録した。

圧巻は１９８５年で、４月17日の甲子園の巨人戦で、２点を追う展開の７回裏二死一、二塁の好機に、槙原投手から〝1号逆転スリーラン〟を放ち、掛布、岡田も続いて、伝説となる〝史上初の三連続バックスクリーン弾〟で、彼とチームの快進撃が始まった。

この年は、打率3割5分、本塁打54、打点134の成績で、「三冠王」に輝き、21年振りの「リーグ優勝と日本一」に、大きく貢献した。

熱狂した阪神ファンが、彼に似たカーネルサンダース人形を、道頓堀川に放り込んだ。

王貞治の〝シーズン55ホーマー〟に迫ったが、残り2試合で、巨人の江川卓の気迫溢れる投球と他の投手の敬遠攻めなどで打てなかった。彼は「江川は、日本で最高の投手だ」と語った。

翌1986年も、日本記録となる打率3割8分9厘、本塁打47、打点109で、〝2年連続の三冠王〟を獲得した。

1988年に、長男の難病の対応を巡って球団と対立し、6月17日までに戻るという覚書にサインしたが、来日できなかったので、27日に解雇された。

球団と彼の〝板挟み〟になった当時の古谷球団社長が、飛び降り自殺するという事件にまで発展した。

しかし、今でも「阪神球団史上最強助っ人」として、ファンの記憶に刻まれている。

現役通算成績
614試合
打率：.337
本塁打：202
打点：486
MVP：1回
ベストナイン 3回
日本シリーズ MVP：1回
最高出塁率 2回

など

ジャイアンツ史上最強助っ人

クロマティ（外野手、巨人、1984－1990）

黒人選手特有の陽気な性格と勝負強い打撃で、巨人ファンを魅了した。いつもピンクのチューインガムを噛んで、風船を膨らませて破裂させたり、ヒットを打った後に塁上で頭を指して、「ここが、いいからね」というパフォーマンスをしたり、観客に「バンザイコール」をして、一緒に万歳三唱した。

1984年の来日初年度に、打率2割8分、本塁打35、打点93の活躍を見せて、1985年からは、〝3年連続3割〟を記録した。

1986年は、打率3割6分3厘の高率ながら、阪神のバースに次ぐ2位に終わった。

1989年は、打率3割7分8厘で〝首位打者〟を獲得して、〝リーグ優勝〟に貢献した。

素晴らしいバッティングの反面、外野守備は弱肩で、1987年の西武との〝日本シリーズ〟では、送球能力の弱点を突かれた。

彼の独特の「クラウチング打法」を、少年達が、「ウンチングスタイル」と騒いだ。在籍時の王貞治監督を尊敬しており、次男のミドルネームに、「オー」と付けた。

彼の有名な応援歌があるので、紹介しよう。

♪楽をしてもクロウ・クロウ　♪苦労してもクロウ・クロウ

♪お前が打たなきゃ、明日は雨　♪クロマティー

ゴーゴーレッツゴー！　クロマティ

現役通算成績
779試合
打率：.321
本塁打：171
打点：558
MVP：1回
ベストナイン3回
オールスターMVP：1回（出場3回）

日本球界を震撼させた〝大リーガー〟

ボブ・ホーナー（内野手、ヤクルト、１９８７）

アトランタ・ブレーブスの四番打者だったが、年俸高騰によるＦＡ選手締め出しの余波で、１９８７年４月に、年俸３億円でヤクルトに入団した。

デビューは、５月５日の神宮球場での阪神戦で、１号２点本塁打を放ち、翌６日には、1試合３ホーマーの活躍で、それも弾丸ライナーだった。

その後もホームランを放ち、４試合で11打数７安打６ホーマーの「ホーナー旋風」を巻き起こして、ファンと日本球界に、強烈なインパクトを与えた。

投手の敬遠攻めなどで、ホームランのペースは落ちたが、オールスターファン投票の一塁手部門で、1位を獲得した。しかし、腰痛のために出場辞退した。

故障のために、規定打席には達しなかったが、93試合に出場、打率3割2分7厘、本塁打31、打点73の好成績を残して、球団は、〝3年総額15億円〟の破格の条件を提示したが、日本の野球に嫌気が差していた彼は、セントルイス・カージナルスと約1億円で契約して、メジャー復帰した。

顔を真っ赤に染めて打席に立つ姿から、「赤鬼」と名付けられ、試合では常に全力疾走する真面目な選手でした。

シーズン中には、ヤクルトのCMに出演して、「お腹に菌力」と日本語で言った。現役引退後にアメリカで、『地球のウラ側に、もうひとつの違う野球があった』という本を出版した。

それは、「日本の審判は、ストライクゾーンを、試合の序盤と終盤で変える」とか、「日本の野球は、やたらにバントする。何故、初回の攻撃からバントするのか？　アウトを一つ労せずして与えるより、チャンスを広げるべきではないか？」という内容だ。

その他に、日本のマスコミの姿勢（プライベートを無視した取材や誤解を招く報告）を書いている。

1993年のヤクルトのユマキャンプで、当時の野村監督に〝臨時コーチ〟として招かれて、ミーティングで、「バッティングは、頭で決まる。データを駆使して、投手の配球を読んで打つことだ」と講義している。

衝撃の4連発

ラルフ・ブライアント（外野手、中日・近鉄、1988－1995）

1988年に近鉄は、主砲のデービスが大麻不法所持で逮捕され退団したため、中日の二軍に外国人枠のために所属した彼を、金銭トレードで獲得した。

彼の打撃は驚異的で、1試合3ホーマーなど74試合で34本塁打の活躍で、近鉄は、首位の西武に8ゲーム差から猛追したが、及ばず涙をのんだ。

翌1989年は、天王山となる西武球場でのダブルヘッダー第1試合で、0－4の劣勢からの三打席3ホーマーを放って逆転勝利し、第2試合の一打席目は敬遠だったが、第二打席でホームランを放ってチームに勢いを付けて、〝リーグ優勝〟に大貢献した。

翌日のスポーツ紙に、「伝説の奇跡の4連発」という見出しが掲載される活躍で、〝パ・リーグMVP〟を獲得し、「神様・仏様・ブライアント様」と称された。

三振かホームランという典型的な〝プルヒッター〟だったが、強烈な打球はファンを魅了し、東京ドームの天井のスピーカーを直撃したほどであった。

現役通算成績
773試合
打率：.261
本塁打：259
打点：641
MVP：1回
ベストナイン 3回

など

メジャー復帰後に〝連続二冠王〟

セシル・フィルダー（内野手、阪神、1989）

メジャーでは出場機会に恵まれなかったために、レギュラー出場を確約できる球団を求めていたので、阪神と契約し入団した。

1989年のオープン戦で三振の山を築いていたが、コーチの指導と友人のブーマーのアドバイスが効を奏して、最後の2試合で6打数6安打を放って、ファンを安心させた。

この年、打率3割2厘、本塁打38、打点81の好成績で、「バースの再来」と言われた。

しかし、9月の巨人戦で、三振後のバットを地面に叩き付けたのが跳ね返り、右手小指を骨折して、その後の試合を欠場した。

翌年の残留を希望していたが、阪神がラリー・パリッシュ（前ヤクルト）の獲得調査をしていることを知り、メジャーに復帰して、デトロイト・タイガース入団を決めた。

1990年は51ホーマー、打点132を挙げ、1991年も44ホーマー、打点133で〝連続二冠王〟に輝き、1992年も124打点で〝3年連続打点王〟の活躍で、スパーキー・アンダーソン監督は、「メイドインジャパンは、素晴らしい」と賞賛した。

1996年にはヤンキースに所属して、「ワールドシリーズ制覇」を果たしている。もし数年間阪神に在籍していたら、あの「神助っ人」バースに匹敵する成績を残していたかも知れない。

面白パフォーマンスで人気（現DeNA監督）

アレックス・ラミレス（外野手、ヤクルト・巨人・DeNA、2001―2013）

ヤクルト在籍時の3年目の2003年に、本塁打40、打点124で、〝本塁打と打点の二冠王〟と最多安打・ベストナインに輝き、2007年10月4日に、外国人右打者史上初の〝シーズン200本安打〟を達成し、巨人移籍後の2009年は、打率3割2分2厘で、初の〝首位打者〟を獲得、2010年には、本塁打49、打点129で、2度目の〝二冠王〟となった。

DeNA在籍後の2012年は、「日米通算2000本安打」と外国人選手最高の〝12年連続2ケタ本塁打〟を記録した。

２０１３年は、「日本通算２０００本安打」を達成し、外国人選手史上初の快挙となった。巨人時代からの得点圏打率は、３割4分1厘と「勝負強さ」を発揮したが、守備は苦手で、守備範囲が狭いのが難点だった。

ヒーローインタビューでのパフォーマンスが人気で、「ラミちゃん・ぺッ・アイーンゲッツ」やヤクルト時代は〝つば九郎〟と、巨人時代は〝ジャビット〟とのコンビで、アクションをしたり、「マタ明日ガンバリマス！」のコメントが印象的だった。

また、ホームランやタイムリーヒットを打った後で、次の回の守備につく時も、ファンの声援に応えて、お辞儀や敬礼をするなどユニークな選手であった。

監督に就任したが、パフォーマンスは封印するとのことである。

現役通算成績
1744試合
打率：.301
本塁打：380
打点：1272
最優秀選手 2回
ベストナイン 4回
オールスター MVP：1回 （出場8回）
本塁打王：2回
打点王：4回
首位打者：1回
最多安打：3回

横浜最強の助っ人

ロバート・ローズ（内野手、１９９３－２０００）

１９９２年オフに、「守備要員」として、35万ドルの1年契約で入団した。オープン戦から精度の高い打撃を見せて、開幕すると、「勝負強い打撃」に加えて、セカンドの守備でもチームに貢献した。

在籍8年で打率3割超が7年に、得点圏打率も常に3割を超えていた。「横浜マシンガン打線の中核」として活躍し、１９９９年は、打率3割6分9厘、打点１５３の〝二冠王・最多安打・ベストナイン・オールスターMVP〟の各賞を獲得した。

6月30日の広島戦で〝3度目のサイクルヒット〟を記録し、7月22日のヤクルト戦では〝1試合10打点（セ・リーグタイ）〟を記録した。

当時の横浜の五番打者の駒田徳広は、「本当に心強かった。差し込まれても、右中間に打球が飛んでいく技術は、凄かったですね」と語り、当時巨人の鹿取義隆は、「どこに投げても、打たれそうな雰囲気のバッターでした」とコメントしている。2000年のオフに、高額年俸と複数年契約などの条件面で交渉が決裂して帰国した。

2002年に千葉ロッテに復帰したが、開幕前に「野球に対する情熱が無くなった」として、現役引退を表明した。

現役通算成績
1039試合
打率：.325
本塁打：167
打点：808
首位打者：1回
打点王：2回
最多安打：2回
最高出塁率 1回
最多勝利打点 1回
ベストナイン 6回
オールスター MVP：1回 （出場4回）

9 最強助っ人三傑

通算打率

1位　3割3分7厘（バース：1983−1988）

2位　3割2分5厘（ロバート・ローズ：1993−2000）

3位　3割2分1厘（クロマティ：1984−1990）

シーズン打率

1位　3割8分9厘（バース：1986）

2位　3割7分8厘（クロマティ：1989）

3位　3割6分9厘（ロバート・ローズ：1999）

シーズン本塁打
1位　55本（タフィ・ローズ：2001、アレックス・カブレラ：2002）
2位　54本（バース：1985）
3位　49本（ブライアント：1989）

シーズン打点
1位　153（ロバート・ローズ：1999）
2位　134（バース：1985）
3位　130（ブーマー：1984）

シーズン投手勝利数
1位　42勝（スタルヒン：1939）
2位　38勝（スタルヒン：1940）
3位　29勝（バッキー：1964）

投手シーズンセーブ数

1位　41S（クルーン：2008）

2位　38S（宣銅烈《ソンドンヨル》：1997）

3位　37S（郭源治：1988）

シーズン防御率

1位　1・05（スタルヒン：1938）

2位　1・89（バッキー：1964）

3位　2・33（ブロス：1995）

10 球界〝ダメ助っ人〟列伝

史上最悪の助っ人

ペピトーン（内野手、ヤクルト、1973）

1973年6月にヤクルト球団は、メジャーで悪評高い彼を、調査無しに獲得した。年俸は約5億円で、23日の巨人戦のデビューで〝決勝タイムリー〟を打ち、気を良くした球団は、30日の中日戦のダブルヘッダーを「ペピトーンデー」と銘打って、女性と子供を内野席無料にした。

第1試合で、前年20勝の稲葉投手に無安打に抑えられると、第2試合前に、「マンションの玄関が小さくて、出入りするごとに頭をぶつけて痛い」という信じ難い理由で欠場して、試合中に行方不明になった。

さらに、「偏頭痛が治らない」と2日連続欠場し、7月6日には、「離婚訴訟のため」1カ月以上も帰国し、再来日後の8月11日の阪神戦に、「スパイクを忘れた」と、出場拒否し、予備のスパイクで、代打出場したが、江夏豊に連続三振して、「このスパイクのせいで、靴擦れができた」と翌日の試合を出場拒否した。

8月19日の試合後には、「アキレス腱を痛めた」という理由で、以降の試合を出場拒否したが、ディスコで踊りまくる姿が目撃された。

9月12日に、〝無断帰国〟を敢行し、流石に解雇かと思えば、「成績不良でも2年間解雇不可」という契約のため翌年も在籍し、〝2年目の年俸前払い〟を要求して拒絶されると、オープン戦が始まっても来日せず、球団が3月15日を来日期限として、「最後通牒」を通告すると、前年来日時の荷物や飼い犬の空輸送料の請求書を、球団事務所に送り付ける悪行ぶりを発揮し、ついに球団は、〝引退選手公示〟した。

さらに、「メジャー復帰のために、自由契約にしろ！」と文句を言う始末で、「アメリカ人選手不要論」も出る日米を巻き込む大問題に発展して、彼は、マイナーも含めた米球団に、復帰不可能となった。

その後、日米関係の悪化を懸念したドジャースのピーター・オマリー会長は、チャーリー・マニエルをヤクルトに委譲して、彼は大活躍を見せた。

日本通算成績
14試合
打率：.163
本塁打：1
打点：2

故障持ちの〝詐欺師〟

フランク・ハワード（内野手、太平洋クラブ、1974）

太平洋クラブ（現西武）ライオンズは、現役の超大物メジャーを獲得して、集客力を向上させる狙いがあった。

そこで、メジャー通算382ホーマーの彼を獲得し、オープン戦でホームランを放つなどで、当時の稲尾和久監督は、大いに期待を寄せた。

身長2メートルの巨体で、「足長おじさん」の愛称が付いた。しかし、開幕直前の4月4日の守備練習中に、グラウンドの小さな穴に足を取られ、古傷の右ヒザの痛みが再発した。

4月6日の平和台球場の開幕戦の日本ハムとの試合で、2打数無安打14球で足の痛みを訴えて、二度と試合出場することはなかった。

球団はシーズン前に、地元九州限定の「ハワードが何本ホームランを打つか?」という〝ペアでグアム旅行招待〟の「ハワードホームランクイズ」を企画して、正解の「0本」を当てた13人が、グアム旅行をゲットした。

ジャイアンツの〝暴れん坊〟

クライド・ライト(投手、巨人、1976－1978)

メジャーのオールスター戦出場経験があり、〝ノーヒットノーラン〟を達成したエンゼルスの通算１００勝左腕を、長嶋監督の要望で入団させた。

直球は１３０キロ台だが、多彩な変化球を駆使して、打者を打ち取った。２年目に11勝を挙げたが、３年目に３勝と成績を落とし、左肩痛と「クレイジーライト」と称される傍若無人の振る舞いで、解雇された。

彼の悪行とは、同点の場面での投手交代に腹を立て、ボールをダグアウトに投げ込んだり、投手コーチの言葉を伝えた通訳の首を絞めたり、監督室にジュース瓶を投げ付けたり、ユニフォームを切り裂き風呂場に投げ入れたりした。

さらに、ディスコでの乱闘や審判と監督の暴言などで、「アルコール依存症」が判明した。

日本通算成績

59試合

22勝18敗

防御率：3.97

大型扇風機

ロブ・ディアー（外野手、阪神、1994）

メジャー通算226ホーマーの彼は、年俸2億7000万円で阪神に入団した。安芸キャンプでは、160m弾で民家の屋根を直撃して、「ディアーネット」が設置され、「バースの再来」と期待された。

開幕すると、外角の変化球に空振り三振を量産する彼に、中村勝広監督は、「そのうち打つだろう」と起用を続けたが、空砲に終始した。

5月末頃から出場数が激減し、8月に右手親指靭帯断裂で帰国して、退団となった。彼のホームランは、大半がデーゲームなので、「鳥目では？」と言われた。

現役引退後に、米マイナーで〝打撃コーチ〟に就任した彼は、「俺のスイングは、真似するなよ」と指導したとか。

日本通算成績

70試合

打率：.151

本塁打：8

打点：21

評判倒れの〝大リーガー〟

ピート・インカビリア（外野手、千葉ロッテ、1995）

メジャーのストライキの影響で、ボビー・バレンタイン監督に誘われて来日した。彼の評判は高く、「マイナー落ち未経験の現役大リーガー」「メジャー通算183本塁打」「5年連続20本塁打以上」という触れ込みで大いに期待されるも、〝大型扇風機〟と化して三振を量産し、野球人生初の二軍落ちを経験した。

また気性も荒くて、乱闘で2回の退場処分になり、肩を脱臼して治療のために帰国し解雇された。

日本通算成績
71試合
打率：.181
本塁打：10
打点：31

“神のお告げ”で現役引退

マイク・グリーンウェル（外野手、阪神、1997）

レッドソックスで主軸を務めた彼に目を付けた阪神が総額4億円で獲得した。中日も調査したが、事情を知る関係者に、「彼は、日本でゴルフがしたいだけだ」と忠告された。阪神球団は彼のために、甲子園球場の電光掲示板を、5文字から7文字に変更した。2月中旬に、「牧場と遊園地経営の契約更新」のため帰国し、21日に代理人から背筋痛のために、しばらく来日できないという連絡が来た。

４月末に再来日して、５月３日の甲子園での広島戦で５打数２安打２打点の活躍を見せ、吉田義男監督は、「いろいろあったけど、いい仕事をしてくれた。これからやな」と目を細めたが、５月11日の巨人戦で自打球を右足甲に当て、骨折した。

「〝野球を辞めろ〟という神のお告げがあった」という不可解な言葉で現役引退表明して、阪神ファンの期待は、夢と消えた。

吉田監督は、「嵐のように来て、嵐のように去って行った」と嘆いた。

日本通算成績
７試合
打率：.231
本塁打：０
打点：５

来日目的は〝浅草観光〟

ダン・ミセリ（投手、巨人、2005）

メジャー12年で579試合の登板経験から、当時巨人の堀内監督は、「抑えの切り札」として期待した。

入団会見では、「メジャー6球団からオファーがあったが、新たな野球に挑戦できるチャンスだと思った。優勝に貢献するつもりだ。50セーブを目指したい」と豪語した。

開幕の4月1日の広島戦と5日の横浜戦の二度の救援失敗から、二軍での再調整を首脳陣に言われたが、〝本人の同意無しに、二軍に落とすことができない〟という契約条項を理由に拒否した。

6日の横浜戦では、巨人が1点リードした場面で横浜ファンから、「ミセリコール」が起こった。

翌7日の横浜戦で中継ぎ登板すると、「打たれた原因？　こんなリトルリーグみたいな狭い球場でやっているからだ」と迷言を吐いた。

次の敗戦処理での登板に不満と右肩痛を訴えたため、二軍降格を打診されるも、またも拒否し、同月19日に「球団史上最速解雇記録」となった。

その後浅草で、家族と人力車に乗る姿が目撃された。

巨人は、この〝不良外人〟に５０００万円強の金額を支払った。

日本通算成績
４試合
２回2/3
０勝２敗７失点
被本塁打：３
防御率：23.63

11 井口資仁《いぐちただひと》（千葉ロッテ）が語るメジャーで生き残る法

彼は、日本人内野手でメジャーで数少ない成功した選手として、メジャーに適応する秘訣を語った。

「備えあれば、憂い無し」の諺通り、まず3年の準備期間を置いた。打撃では、「ポイントを近くして、ボールをよく見られるようにボールを懐まで呼び込んで、バットで捉えるポイントをできるだけ体の近くに置くことで、少々詰まっても体幹で打ち返す負けないスイングに変えた」ことと、「ストライクゾーンが外角に広いので、外角球を強くライトに打ち返す練習をした」ことだ。

守備ではセカンドを本業として、「ランニングスローや逆シングルでの捕球からの送球を練習していた」として、「併殺時にスライディングで潰されるのが分かっていたので、ボディーバランスを良くして、どの方向でもバランス良く避けられる練習をした」と語り、また、「メジャー関連の書籍で、各チームカラーやＧＭのチーム作りの傾向を把握した」そうだ。

こうした周到で入念な準備があったからこそ、メジャーの野球に対応できたのだ。アスレチックス時代にマイナー生活が続いたオリックスの中島裕之が、「予習が足りませんでした」と、後悔のコメントをしたのとは対象的だ。

ダイエーホークス時代には中軸を打った井口だが、シカゴ・ホワイトソックスの二番打者として、繋ぎ役に徹し正二塁手として１３５試合に出場し、２００５年のメジャーの初年度に、打率２割７分８厘、本塁打15、打点71の成績を残した。

ギーエン監督は、「ＭＶＰは、井口だ。彼が居たから、ワールドシリーズを制覇することができた」と、賞賛した。

今でも、シカゴのファンは、彼を愛している。他の日本人内野手も、大いに見習うべきである。

現役通算成績 （NPB）
1771試合
打率：.271
本塁打：244
打点：968 （2015年末現在）
（MLB）
493試合
打率：.268
本塁打：44
打点：205

おわりに

南海ホークスと聞いて頭に思い浮かべるのは、「弱小球団」というイメージの方が多いのではないでしょうか。

強い南海を知る私としては、悔しい思いですが、過去には「南海×西鉄戦」の方が、「阪神×巨人戦」より観客数が多い時代があったのです。

ホークスファンに是非とも足を運んでいただきたい場所があります。それは、大阪球場の跡地にできたショッピングセンター「なんばパークス」のパークスガーデン9階のテラスにある「南海ホークスメモリアルギャラリー」です。

開館時間は、朝11時から夜9時までで、選手が実際に使用したバットや鶴岡監督着用のジャンパー、1959年日本シリーズ優勝ペナントなど栄光の歴史を物語る品々を展示しており、貴重な映像も見ることができます。

ただ残念なことは、野村克也さんの物が一切無いことです。また2階には、当時の大阪球場と同じ場所に、投手プレートとホームベースが描かれている。

私はベトナムのホーチミン市に居住していますが、数年前から日本のテレビ放送をネット配信する業者が増えて、リアルタイムで野球中継が楽しめます。

以前は、ネットで日本のテレビとラジオ番組を無料配信するサイトがあったのですが、日本の法律に違反するらしく、消失したので残念です。

私の夢は、「ヤフオクドームの始球式」を行うことです。そのために、毎日体を鍛練しています。

本書が、その夢の実現の一助になれば嬉しいですね。最後に、貴重な資料を提供してくれた友人達に感謝の意を表します。

2016年6月

海間充吉

参考文献

『南海ホークス栄光の歴史　1938−1988』（ベースボール・マガジン社）
『ホークス75年史』（ベースボール・マガジン社）
『週刊ベースボール』（ベースボール・マガジン社）
『日本プロ野球外国人選手列伝』（ベースボール・マガジン社）
『「岡本、少しは野球面白ぅなってきたか」』岡本伊三美（ＳＩＣ）
『プロ野球黄金時代・珍プレー好プレー』（ベースボール・マガジン社）
『女房はドーベルマン』野村克也（双葉社）
『イチロー10年物語』（集英社）
『なぜか結果を出す人の理由』野村克也（集英社新書）
『イチロー、野茂、新庄、佐々木　メジャーを席巻！　日本人大リーガー』（宝島社）
『プロ野球選手という生き方』斎藤直隆（アスペクト）
『イチローイズム』石田雄太（集英社）
『プロ野球最強列伝』（双葉社）

TTS新書

海間　充吉（かいま　みつよし）

1954年２月大阪生まれ。甲南大学経営学部卒業。幼少時よりのホークスファンで大阪球場に通う傍ら、プロ野球の資料を収集している。オーストラリア１年、シンガポール５年を経て現在ベトナム・ホーチミン市に居住。妻はベトナム人

面白くてためになる。
ホークスとプロ野球　なるほど話題集

2016年８月２日　初版発行

著　者　海 間 充 吉
発行者　中 田 典 昭
発行所　東京図書出版
発売元　株式会社 リフレ出版
〒113-0021　東京都文京区本駒込 3-10-4
電話 (03)3823-9171　FAX 0120-41-8080
印　刷　株式会社 ブレイン

ISBN978-4-86223-972-3 C0295
Printed in Japan 2016
落丁・乱丁はお取替えいたします。

ご意見、ご感想をお寄せ下さい。

［宛先］〒113-0021　東京都文京区本駒込 3-10-4
東京図書出版